Gewidmet insbesondere den Menschen,

die mir ihr Vertrauen schenken.

Anne Dalhaus

Annehmen, was ist – Über die Wirkung des Wortes „Ja“

1. Auflage (2014)
Autor: Dalhaus, Anne

Umschlaggestaltung, Illustration: tao.de
Umschlagfoto: Dalhaus, Anne
Lektorat, Korrektorat: Murra, Christine

Printed in Germany

Verlag: tao.de in J. Kamphausen Mediengruppe GmbH, Bielefeld,
www.tao.de, eMail: info@tao.de

Bibliografische Information der Deutschen Nationalbibliothek:
Die Deutsche Nationalbibliothek verzeichnet diese Publikation
in der Deutschen Nationalbibliografie; detaillierte bibliografische
Daten sind im Internet über http://dnb.d-nb.de abrufbar.

ISBN: 978-3-95802-037-5

Inhalt

Ich will sie loswerden. Seit ich denken kann, begleitet sie mich.

Es war schon als Kind so. Ich wollte dass sie weg geht."

„Sie ist also immer schon bei dir?"

„Ja, bei allem was ich tue, wo ich gehe. Ich kann sie nicht immer spüren, doch sie kommt unvorbereitet und manchmal bekomme ich dann richtig Panik."

„Gehört sie denn überhaupt zu dir?"

„Ja, aber ich will sie weg haben. Ich will keine Angst haben."

„Nun, wenn sie ohnehin bei dir ist, kannst du sie in Empfang nehmen?"

„Auf keinen Fall, ich will sie weg haben und von mir weg schubsen."

„Könntest du dich anfreunden?"

Sie wehrt ab. „Ich will sie nicht", sagt sie immer wieder.

Wenn etwas bei uns ist

und wir es nicht haben wollen,

verstärken wir es durch unseren Widerstand.

Unser Widerstand bindet das,

was wir nicht haben wollen

an uns und verstärkt es.

...

Allein das Aufgeben des Widerstandes

schafft Erleichterung.

Das Annehmen öffnet unsere Arme,

unser Herz und wir erlauben das,

was ohnehin bei uns ist, ganz zu uns zu kommen.

Es, oder sie- hier die Angst – bedrängt und

bestimmt uns nicht länger, wird frei und löst sich von uns und

wir verlieren die Ohnmacht und gelangen in die erneuerte Selbstbestimmung.

...

„Ich kam nie auf die Idee, mich mit ihr anzufreunden."

„Geh mit ihr spazieren, lass sie dich begleiten. Frag sie was sie für dich tun kann."

Seufz. ...

„...auf die Idee kam ich noch nie, mich mit meiner Angst anzufreunden."

„Ich fühle mich friedlicher."

I: Die transformierende Kraft der Akzeptanz

Einleitung

Einstimmung: Worum geht es?

Was in diesem Buch zur Sprache kommt, ist nichts Neues. Es ist altes Wissen, das in jedem von uns angelegt ist. Wir haben nur einiges davon vergessen oder sind noch nicht erinnert worden. Es betrifft die Schöpfung, das Leben und vor allem uns selbst. Viele Menschen haben dieses Wissen bereits auf die eine oder andere Weise zum Ausdruck gebracht.

Dieses Buch birgt und bietet meine Version, meine Auffassung, mein Verständnis und meine Erlebnisse über die Haltung der Annahme und das Wort „Ja". Es beschreibt zum Teil meine Geschichte und Geschichten meiner Klienten sowie meine Erkenntnisse und Wahrnehmungen.

Gedacht ist dieses Buch als Ermutigung, Inspiration und Impulsgeber.

Einige tausend Menschen haben mit den ersten Auflagen dieses Buches ihre Erfahrungen in den vergangenen Jahren gemacht. Die Rückmeldungen, die ich bekam und bekomme, spornen mich an und ermutigen mich, das Buch zu überarbeiten und zu ergänzen, zu erweitern und auszudehnen.

Möge es vielen weiteren Menschen ein guter Begleiter sein.

In meinen Seminaren, Kursen und Einzelcoachings kommt es durch die sehr persönliche Zusammenarbeit zu einer vertrauten Umgangsweise. Deshalb möchte ich auch dich, lieber Leser, liebe Leserin, ab sofort mit dem persönlichen „Du" ansprechen. Zudem werde ich uns alle in der männlichen Form anreden. Wenn dir dies oder etwas, was ich empfehle, widerstrebt, lies bitte darüber hinweg. Finde deinen eigenen Weg dieses Buch aufzunehmen. Die Inhalte spiegeln meine Art, mit dem Leben umzugehen, wider. Gute und teilweise erhebende Erfahrungen konnte ich damit machen und erzähle hier davon.

Jeder von uns sollte den eigenen Weg auf eigene Weise gehen. Wie auch immer das aussehen mag: Sei frei, das zu tun, was dir entspricht und dir guttut!

Ich liebe es Menschen zu studieren, sie zu „lernen". Dadurch kann ich viel über mich selbst erfahren. Ich liebe Menschen. Und empfinde es immer als bereichernd, sie so sehen zu können und anzunehmen, wie sie wirklich sind - wenn es gelingt. Immerhin kann ich nur aus meiner Brille schauen. So wird hier und da das Bild durch die Art meiner Betrachtung anders aussehen, als beispielsweise dein Blick darauf. Meine Betrachtung ist entstanden durch meine Erfahrung im Leben. Das Gleiche gilt für dich und für uns alle.

Mit unserer Betrachtungsweise, unserer Art auf das, was ist, zu schauen - kritisch, bewertend, liebend, offen, gestresst usw. - und unser Vermögen, eine andere Perspektive einzunehmen, gestalten wir maßgeblich unser Leben.

„Wie schaue ich auf das, was ist?"

Wie und was ich beobachte, beeinflusst was ich wahrnehme!

Wir alle haben riesige, weit größere Potenziale in uns angelegt, als wir gemeinhin wahrnehmen und bzw. oder uns erlauben. Darüber hinaus steht uns eine Vielzahl an Gefühlsregungen zur Verfügungen. Wir alle können wählen, vergessen es jedoch gelegentlich, wie wir mit dem Leben umgehen. Jeder von uns hat besondere Fähigkeiten und Begabungen mit auf den Weg bekommen. Und wir haben, was die Grundlagen des Lebens angeht, alle mit ähnlichen Herausforderungen zu tun. Der Unterschied besteht darin, dass wir in verschiedene Systeme, Länder und materielle Umfelder hineingeboren wurden. Und die so entstandenen Unterschiede setzen sich fort. Doch abgesehen davon haben wir Menschen auf diesem wunderbaren Planten Erde viele Gemeinsamkeiten, ähnliche Sorgen, Bürden, Schicksale ... Die Art und Weise, wie wir mit unserem Leben und den äußeren Umständen umgehen, ist dabei die Basis für unser Lebensglück.

Möglicherweise kommt dir nun ein Einwand in den Sinn:

„Das ist nicht so, es sind das Geld und die Gesellschaft, die über uns bestimmen oder die Regierung. Wir sind nur noch in wenigen Belangen frei zu entscheiden, was wir tun. Abhängigkeiten finanzieller oder zwischenmenschlicher Art bestimmen uns, und darum können wir nicht mehr frei wählen, wie wir mit den Dingen umgehen, die nun mal so sind, wie sie sind."

Dem will ich widersprechen! Selbst wenn wir die Umstände, die Sachzwänge oder Regeln verantwortlich machen wollen, so sind wir es doch, die die bestehenden Regeln bekräftigen, indem wir sie einhalten, obwohl wir sie im Grunde ablehnen. Darüber hinaus legen wir selbst auch Regeln fest und erwarten, dass sie befolgt werden – auch von anderen. Wir können uns bewusst werden, wo wir Regeln, die uns nicht behagen, annehmen und ihnen folgen. Geben wir hier womöglich die Verantwortung an andere ab – Personen oder Institutionen?

Wir hangeln uns in unserem Leben an Richtlinien entlang und regen uns auf, wenn jemand anderes sie nicht befolgt. Machen wir uns als erstes klar, dass wir manches im Leben annehmen, doch damit unbewusst in Konflikt geraten, weil wir diese Regel oder Norm eigentlich nicht akzeptieren.

Selbstverständlich gibt es übergeordnete Regeln, die zu beachten sind. Eine Art höhere Ordnung oder Harmonie, die zum Beispiel verlangt, dass das, was wir in unserem Leben entscheiden und bestimmen, auf jeden Fall zum Guten aller – möglichst vieler - Beteiligter sein sollte. Etwas, was für uns gut ist, für andere jedoch schlecht, wird uns kein dauerhaftes Glück bescheren. Etwas, was für uns, aber auch für andere gut ist, entspricht der Lebensordnung und der Harmonie, die allem zugrunde liegt. Nur so kann Leben zum Wohle aller Beteiligter gedeihen und wachsen.

Und - ganz offen - es macht auch einfach viel mehr Freude sich ins Leben zu bringen und damit die Gemeinschaft zu bereichern. Wie schon gesagt, unsere Potenziale sind unermesslich! Und wie lebensbekräftigend ist es, sich mit allem Vermögen für ein gutes Leben, eine gute Welt einzubringen? Und egal, ob du dies laut oder leise tust, alles zählt!

Ein Gewissen ist uns allen zu Eigen; dies ist unabhängig von den Werten und Gesetzen der verschiedenen Kulturen. Dieses Gewissen wird es uns, wenn wir in gutem Kontakt zu uns und unserem Inneren stehen, fühlen lassen, wenn wir gegen die genannte Ordnung oder Harmonie verstoßen.

Ich lade dich hier ein gleich zu Anfang des Buches anzunehmen, dass du ein selbstbestimmtes Leben führen kannst. Ein Leben voller Vitalität, Kreativität, Freude, Anziehungskraft und Mitgefühl. Das Annehmen dessen, was ist, wird dich aus den Widerständen heraus führen und dir ermöglichen, gelassen und offen auf das zu schauen, was ist. Dann kannst du aus der ruhenden Kraft heraus Impulse für dein gut gelebtes Leben schenken. Folge ihnen! So kannst du in den Lebenskraftfluss gelangen, der das Leben zum Guten wandelt.

Werde dir deiner Verantwortung bewusst!

Wenn du also spürst, dass du ein selbstbestimmtes, vor allem aber hingebungsvolles Leben möchtest, dann stelle dir vor, wie ich lächelnd zustimmend nicke und bestätige: Ja! Jeder von uns kann das schaffen! Denn jeder von uns ist Teil unserer Gesellschaft - wir sind die Gesellschaft! Also können wir mitbestimmen, was ist, jeder einzelne für sich und wir alle gemeinsam.

In diesem Buch geht es darum, anzunehmen, was ist - oder mit anderen Worten „Ja"! zu sagen. Es geht dabei nicht um eine prinzipielle Ablehnung des „Nein!" Es gibt das Nein als entschlossene Abgrenzung, ein Nein, bei dem es darum geht, bei sich zu bleiben und für sich Stellung zu beziehen. Ein Nein, geäußert mit der abwehrenden Handfläche nach Außen, ist die eine Seite der Medaille. Die andere Seite zeigt das Ja! für dich selbst.

Kommen wir noch einmal zu uns selbst, zu dir als Einzelperson, die du dein Leben glücklicher gestalten möchtest: herzlich willkommen und herzlichen Glückwunsch! Das Lesen dieses Buches wird dir sicher eine bejahende Lebenshaltung aufzeigen! Wie du damit umgehen möchtest, ist selbstverständlich dir überlassen. Ich lade dich ein, die Ideen und Vorschläge in diesem Buch auszuprobieren und dir und deinem Umfeld ein freudvolles Dasein zu schaffen.

Zwei Tage, bevor dieses Buch zum ersten Mal auf dem Markt erschien, und ich eine mittelgroße Buchpräsentation bei uns auf dem Hof veranstaltete und ich gleichzeitig in einer großen Tagung an der Uni in Münster involviert war, kam ich abends heim und hörte die ungewöhnlich piepsige Stimme meiner Tochter auf dem Anrufbeantworter:

„Mama, ich bin's!"

Geräuschvoller Atemzug

„Mach' dir keine Sorgen!"

(Alarmglocken an)

„Ich bin im Krankenhaus, aber es ist alles soweit gut!"

(Alarmglocken auf Hochtouren, lauter hätten sie durch meinen Kopf nicht lärmen können)

Meine Tochter hatte einen akuten Asthmaanfall und war in größter Atemnot ins Krankenhaus gekommen. Unvermittelt verschob ich, soweit das ging alle Termine des nächsten Tages, um zu ihr ins Krankenhaus zu fahren, das etwa 150 km entfernt lag. Die Woche war mit Terminen zum Bersten voll, doch das Mutterherz wollte zum Kind.

Während der Fahrt über die A30 kurz vor der Abfahrt Kirchlengern wechselten die Geräusche meines PKWs und das Fahrzeug begann zu ächzen und kreischen, Qualm stieg auf und ich konnte nur noch mit Mühe das Fahrzeug die Abfahrt hinunterrollen lassen und blieb kurz vor der Kreuzung am Wegesrand stehen.

Es regnete.

Ich wollte zu meiner Tochter.

Annehmen, was ist.

???

„Soll das eine Prüfung sein?“ dachte ich, „ob ich das Buch wirklich beherzige und ob ich das wirklich selbst verstanden habe, was ich da geschrieben habe?

Nachdem ich den ADAC angerufen hatte, wartete ich neben meinem knallroten Fahrzeug an der Abfahrt. Pro Minute brausten sicher fünf bis sieben Schwerlaster haarscharf an mir vorbei, von den PKWs gar nicht zu sprechen.

Annehmen, was ist?

„Ich will zu meiner Tochter!“ – Alle Muttergefühle waren hellwach und ich wollte einfach zu ihr.

„Jetzt bist du hier“, sprach eine andere Stimme in meinem Kopf.

Annehmen, was ist?

Ich beobachtete mich und bemerkte, dass es mir ganz schwer fiel, gute Gedanken zu denken oder die Situation anzunehmen. Da ich nichts Nettes denken konnte und aber das Fluchen und mein Gejammer nicht hören wollte, begann ich zu singen.

Ich liebe es zu singen. Und es gab ja auch nichts anderes zu tun.

Knallroter Schirm über meinem Haupt, angelehnt an die Leitplanke, begann ich zu singen:

„Herr, deine Liebe ist wie Gras und Ufer, wie Wind und Weite und wie ein zu Haus..." dabei sah ich Gras, Ufer, Wind, Weite und spüre den Regen und... fühlte mich zuhause. Meine Gesichtszüge begannen sich zu entspannen und ich sang weiter:

„Heute hier morgen dort, ---kicher---, bin kaum da, muss ich fort, hab mich niemals deswegen beklagt, hab es selbst so gewählt, nie die Jahre gezählt, nie nach Gestern und Morgen gefragt. Manchmal träume ich schwer und dann denk ich es wär, Zeit zu bleiben und nun was ganz anderes zu tun."

Ich beginne mich über mich selbst zu amüsieren. Und lächle.

„Es ändert ja auch nichts – also, wenn ich hier schon stehe, und wirklich gar nichts Anderes tun kann, kann ich auch singen."

Ich singe gern.

Ich kenne viele Lieder.

Ich brauchte auch alle. Es dauerte nämlich geschlagene zwei Stunden bis der ADAC bei mir war.

In meinem Repertoire gibt es auch einige Mantras und dieses fand ich in der Situation an der Autobahn am allerschönsten und witzigsten:

“This moment is love, come on and rest in me, this moment is everything, this love is all.”

Auf Deutsch: Dieser Moment ist Liebe, komm‘ und ruhe dich in mir aus, dieser Moment ist alles, diese Liebe ist alles.

Annehmen, was ist!

Glück im Hier und Jetzt

„Sie haben Glück“, sagte die Frau an der Supermarktkasse. „Ja“, erwiderte Maria strahlend und dachte und fühlte „Ja, ich habe Glück!“

Maria hatte wie immer keinen Einkaufswagen mitgenommen, weil sie nur so viel kaufen wollte, wie sie tragen konnte. Maria kann viel tragen.

Dabei hatte sie wohl irgendwo, während sie dem Stapeln der Einkäufe nachging, ihren Schlüsselbund liegengelassen. Das fiel ihr erst auf, als sie an ihrem Auto ankam. Also stellte sie den Stapel mit Einkäufen hinter ihrem Wagen auf den Boden und ging in der sicheren Gewissheit, dass der Schlüssel irgendwo zu finden sei, zurück. Prompt winkte ihr die Kassiererin zu, mit dem Schlüssel in der Hand!

- Darfst du glücklich sein?
- Erlaubst du, dass es dir gut geht?

Oder bist du schön bescheiden und bejubelst nie dein Lebensglück – es könnte ja jemand neidisch werden?

In unseren Gefilden sind viele Menschen dazu erzogen worden, klein zu sein, sich klein zu machen und zu halten und sich zu beugen. Darüber hinaus wurden wir angehalten bescheiden zu sein, erst an die anderen zu denken und dann an sich selbst, mit dem zufrieden zu sein, was da ist und schön still zu halten.

Vordergründig betrachtet soll das bescheidene Benehmen dem Gemeinschaftswohl dienen.

An die Gemeinschaft zu denken und sich auf die Gemeinschaft auszurichten ist löblich und ganz besonders jetzt, da es mehr Singlehaushalte denn je gibt nötig, da wir der alten und schon immer währenden Wahrheit Tribut zollen müssen. Wir Menschen brauchen einander. Wir sind auf-einander angewiesen und eine Erneuerung eines guten Gemeinschaftssinnes beginnt bereits. Jedoch gelingt es uns am allerbesten, uns auf andere einzustimmen und uns in Gemeinschaften einzubringen, wenn wir dies aus einer Haltung und Verfassung heraus tun, in der wir zuvor für uns selbst das getan haben, was wir in unserem Alltagsleben brauchen.

Die Erziehung zum klein und bescheiden sein verursacht manche lebensbeschränkende Prägung in uns Menschen. Manchen ist es so ergangen und auch heute noch beobachte ich in einigen Familien, dass von den Kindern erwartet wird, am besten gesellschaftskonform zu funktionieren.

Dabei ist das Vertrauen in uns selbst und in das Leben stückweise kleiner geworden. Denkweisen gingen wie Samen auf und reiften zu Überzeugungen und Glaubenssystemen heran und erblühten als Verhaltensmuster. Dementsprechend gehen manche von uns geduckt durch das Leben oder an selbigem vorbei - immer auf der Hut, immer mit der Vorstellung, dass das Glück erst dann eintritt, wenn dieses oder jenes Ziel erreicht ist.

„Wenn ..., dann...“ lautet die Devise.

- „Wenn ich erst groß bin, dann...“
- „Wenn ich das Abitur habe, dann...“
- „Wenn ich erst den Führerschein habe, dann...“
- „Wenn ich erst verheiratet bin, dann...“
- „Wenn ich erst schlank bin, dann...“
- „Wenn ich erst das Buch geschrieben habe, dann...“

Und so weiter und so fort. Du wirst diese Liste wahrscheinlich mit deinen persönlichen „Wenn..., dann ...“s beliebig fortsetzen können. Die Frage ist: was ist dann?

Durch das Warten auf den „richtigen“ Zeitpunkt verlassen wir den gegenwärtigen Augenblick, den Moment, in dem alles stattfinden kann und verpassen damit eine Chance. Im Englischen heißt die Gegenwart *„present“*. Dies ist gleichzeitig das Wort für „Geschenk“. Die Gegenwart ist ein Geschenk. Ein großes Geschenk, denn in ihr ist alles möglich.

Bleiben wir bei der Formel „Wenn ..., dann ...“ passiert Folgendes: die Erwartungen an das Leben werden in die Zukunft verlagert und können dadurch nie erfüllt werden.

Sobald wir jedoch erkennen, dass es immer nur diesen einen Augenblick gibt, in dem wir das Glück erleben können, wenn wir begreifen, dass es nur diesen jetzigen Augenblick gibt, in dem sich das Leben präsentiert, wenn wir das tun und uns erlauben, den jetzigen Augenblick bewusst zu erleben, dann ist Glück erfahrbar. Denn Glück ist immer nur im „Jetzt!“

Nun fragst du dich, was das Glück und das *jetzt* mit Ja! oder mit dem Vorgang des Annehmens zu tun haben? Alles! Denn sobald du Ja! zum Jetzt sagst, das heißt, den gegenwärtigen Augenblick ganz annimmst, wirst du dich mit allem verbunden fühlen.

Doch wie gelingt es denn nun, ganz in der Gegenwart zu sein? Probiere es einfach aus:

Übung 1: Kontaktaufnahme

Spüre bewusst das Buch in deinen Händen, das du gerade liest. Sei dir der Umgebung bewusst, in der du sitzt, liegst oder dich räkelst. Nimm wahr, wer noch im Raum ist, spüre deinen Körper. Durst? Hunger? Ist dir warm? Findest du eine Stelle in deinem Körper, die sich ganz und gar wohlig fühlt?

Beobachte deinen Atem. Atme bewusst tief durch die Nase ein, beobachte den Luftstrom der Atemluft, soweit es dir möglich ist. Halte für einen Moment die Luft an, dann atme langsam durch den Mund wieder aus, beobachte auch hier die Atemluft. Wiederhole das bewusste Atmen einige Male.

Wenn du auf deinen Atem achtest, kannst du nur im Jetzt sein.

Jetzt, in diesem einzigen aktuellen Moment. Da du dich jetzt spüren kannst, bist du glücklich?

Auf jeden Fall beginnst du jetzt mit dir Kontakt aufzunehmen und damit bist du jetzt mit dir verbunden. Diese Verbundenheit wird dich spüren lassen, dass du geborgen bist und im tiefsten Grunde aufgehoben in den Händen der Schöpfung.

Kannst du Ja! zum Leben sagen? –

Über die Kraft eines kleinen Wörtchens

- Ja! zum Leben?
- Ja! zu dir selbst?
- Kannst du annehmen, was ist?

Bist du Ja!-Sager oder Nein!-Sager? Oder hast du konkrete Vorstellungen davon, wie das Leben zu dir sein sollte? Lehnst du alles Andersartige, Fremdartige ab? Wie gehst du mit Kontroversen um und was tust du, wenn es nicht so läuft, wie du willst?

Ärgerst du dich dann und grollst oder öffnest du die Augen und fragst: „Was soll mir das nun sagen, was da passiert ist?"

Ist es dir möglich, dich für die Mysterien und Geheimnisse des Lebens zu öffnen und kannst du das Leben auf beste Weise zu dir kommen lassen? Ist es dir möglich, dich in den großen Lebensstrom zu begeben und dich versorgen zu lassen mit allem, was das Leben für dich parat hält? Kannst du dir vorstellen, dass, wenn du deine „kleinere“ Idee oder den Plan für dein Leben der „größeren“ Ordnung einordnest, das Leben dich anders und mehr bereichern kann? Dass es dich mit Fülle belohnen kann, anders und mehr, als du es dir überhaupt vorgestellt hast?

Unsere engen Vorstellungen wie etwas erfolgen muss, das Rechnen und Berechnen, das Abwägen des “Für“ und „Wider“ können uns abtrennen vom großen Lebensfluss. In dem ist jedoch alles angelegt und für uns vorhanden. Üben wir uns den Widerstand aufzugeben, geben wir uns stattdessen hin, um uns für die Wunder der Schöpfung zu öffnen!

Das Ja! hier in diesem Buch will dazu ermutigen, das Leben und die inneren und äußeren Umstände anzunehmen.

Es handelt vom Annehmen. Annehmen, was ist, alles, was ist. Ein Ja! ohne Bewertung.

Es könnte sein, dass du nun fragst: „Soll ich Ja! sagen zum Krieg, soll ich Ja! sagen zu Katastrophen, soll ich Ja! sagen zu Armut und Hungersnot! Ja! Egal, in welcher politischen Lage, in welcher finanziellen Situation, ob mit oder ohne Luxus, krank oder gesund?“ Die Situation anzunehmen hilft, sowohl bei Kleinkriegen als auch bei schmerzhaften Scheidungen oder der Frage, woher ich das Essen für die nächste Mahlzeit bekomme. Jede Lebenssituation wird durch das Annehmen dessen, was ist, leichter zu verkraften sein.

„Zeig mir ein *Ja*, zeig mit ein *Nein*!“ So oder so ähnlich beginnt die Kommunikation eines Kinesiologen mit dem

Körper seines Klienten, wenn er seinen Muskeltest anwendet. Dieser Test ermöglicht es, mit dem ganzen menschlichen System (Körper, Geist, Seele) ins „Gespräch“ zu kommen.

Kinesiologie bedeutet „Lehre von der Bewegung“ und ist ein Überbegriff für zahlreiche Methoden, die sich das Wissen um den Zusammenhang von Psyche und Stoffwechsel zunutze machen, um Menschen auf allen Ebenen ins Gleichgewicht zu führen. Der kinesiologische Muskeltest ist eine Biofeedbackmethode, die ich in Einzelcoachings anwende. Durch sie kann ich, wenn die richtigen Voraussetzungen gegeben sind, für den Menschen, mit dem ich arbeite, - Kind, Jugendlicher, Erwachsener - Antworten erhalten, die mit Ja! oder Nein! übersetzbar sind.

In den allermeisten Fällen wird ein „Ja!“ vom Körper durch das Halten des Muskels angezeigt und ein „Nein!“ durch das Lösen des Muskels. Im zweiten Fall lässt sich ein Köperteil, zum Beispiel der Arm, leichter bewegen. Auf diese Weise können wir im weiteren Verlauf einer kinesiologischen Sitzung ermitteln, was für den Körper wahr ist und was nicht. Im Körper sind alle Informationen, die uns betreffen, gespeichert. So wird die wichtigste Autorität, die wir anerkennen sollten, befragt: unser Selbst!

Darüber hinaus können wir ermitteln, was dem Körper gut tut und was nicht, was ihn stärkt und was ihn schwächt. Ein „Ja!“ und das Halten des Muskels beschreibt, was dem Körper gut tut, was ihm Kraft gibt und was für ihn wahr ist. Ein „Nein!“, also das Lösen des Muskels beschreibt, was dem Körper nicht gut tut, was ihm Kraft nimmt und was für ihn nicht wahr ist.

Auch ohne Muskeltest können wir erspüren, wie sich ein Nein! oder Ja! anfühlt.

Übung 2: Ja! versus Nein!

Stelle dich einfach mit beiden Füßen fest auf den Boden. Spüre für einen Moment deinen Körper, wie er sich gegenwärtig anfühlt, und wenn du alles wahrgenommen hast, sprich laut aus: „Ja!“ Spüre, was dieses „Ja!“ in deinem Körper auslöst.

Probiere das Gleiche mit einem „Nein!“ Was stellst du fest?

Üblicherweise ist bei dieser Übung ein deutlicher Unterschied zu bemerken. Das Ja! löst etwas Stärkendes, manchmal Fröhliches aus, während das Nein! schwächt. Und manchmal wirkt es sogar bedrückend, klein machend.

Also löst du bereits bei dem Gedanken Ja! etwas in deinem System aus, nicht nur in deinem Körper, sondern auch in deinem mentalen und emotionalen Feld.

In zahlreichen Lesungen landauf, landab habe ich gemeinsam mit den Gästen diese Übung gemacht. Auf den mir zugewandten Gesichtern war sogar ein Unterschied zu erkennen. Die Gesichtszüge wurden beim Ja! – alle sagten es laut zu sich, einige Male hintereinander – eindeutig milder, manchen legte sich ein sanftes Lächeln aufs Gesicht. Während sie dann beim Nein! sagen beschreiben konnten, dass sich sofort ein härteres oder kühleres Empfinden einstellte und der Körper unter unangenehmer Spannung stand.

Also wechselten wir zum Schluss immer noch mal zum Ja! und ließen es sich in allen Zellen ausbreiten.

Die Kraft der Worte - lasst sie uns verinnerlichen;

dieser Kraft gemäß lasst uns gut auf die Worte, auf die Sprache, mit der wir in der Welt sind, achten und umgehen.

Jeder Gedanke, jedes Wort wirkt!

Ein Nein! zu dir, zum Leben, zu der Situation, in der du dich befindest, ruft Schwäche auf den Plan, die in Ablehnung und Vermeidung mündet. Hierbei wird deine eigene Lebensenergie gebunden und der Kampf gegen das, was ist, beginnt. Dieser Kampf wird so lange dauern, wie du willst. Solange du dich entscheidest, Nein! zu sagen und zu kämpfen, lässt deine Energie immer mehr nach, vielleicht wirst du sogar krank.

Im passenden Moment in angemessener Form mit einem entschlossen Nein! zu antworten oder zu reagieren, widerspricht dem nicht. Ab sofort soll es aber um das lebensförderliche, lebenserzeugende und konstruktive Ja! gehen, das zu deinem Wohl ist! Es gibt so viele Lebensumstände, die mit einem Ja! gemeistert werden können, denn das Ja! bindet uns automatisch an die übergeordneten Kräfte.

Welche Kräfte das sind?

Göttliche Kräfte.

Das gelingt mit Ja!

- Hingabe an das, was ist
- Annahme dessen

Das Ja! für dich und dein Leben, für die Situation, in der du dich befindest, wird dich stärken. Es ist die Hingabe an den gegenwärtigen Augenblick, der alles umfasst, was du brauchst, um glücklich zu sein. Im Fluss des Lebens zu sein, bedeutet, sich den Wandlungsphasen des Lebens hinzugeben, sich dem Wechselspiel von Tun und Ruhen, Geben und Empfangen, Lieben und Geliebt werden anzuvertrauen.

Weiterhin verbinden wir uns im Fluss des Lebens mit dem universellen Bewusstsein und dessen Kräften. Einmal verbunden mit diesen Kräften, mit der Quelle, die alles nährt, wissen wir instinktiv, dass das Annehmen eine bedeutsame Wirkung hat, die sich positiv auswirkt, uns trägt und sicher im Leben begleitet.

Ja! zu allem

ohne Wenn und Aber

einfach so

Annahme dessen, was ist und sich dadurch aus unnötiger Disziplin oder Plänen oder unnötigen Erfolgen lösen

Ja! zum Sein

zum Jetzt

zu dir selbst!

Probiere mal, soweit es für den Anfang möglich ist, immer mehr, intensiver und häufiger wieder zu dir und deinen Gedanken, Gefühlen und auch zu deinen Mitmenschen Ja! zu sagen. Vielleicht kannst du es dir zur Gewohnheit machen, die Haltung deiner Mitmenschen ebenso zu bejahen. Du wirst erstaunt sein, wie das Ja! für den anderen, auch auf dich wirkt. Ein Ja! ermöglicht es uns, uns zu öffnen, wenn wir zuvor verschlossen waren.

Übung 3: Ja! sagen

Beginne den Tag mit einem lauten, den Morgen begrüßenden Ja! Und mache gleich weiter, indem du in den Spiegel blickst und – egal, wie du dir selbst entgegenschaust – „ Ja!“ zu dir sagst. Und: „Guten Morgen, du siehst gut aus!“

Setze den annehmenden Anfang im Tagesverlauf fort, und wenn du auf dem Weg zu Arbeit bist und dich in negativen Gedanken verlieren solltest, sag einfach laut „Stopp, hab mich vertan!“ und „Ich bin Ja!“ Vielleicht kreierst du dir einen Song oder ein ganz eigenes Ja-Ritual, ganz wie du es magst.

Bist du bereit für Veränderung?

Am Anfang ist die Bereitschaft.

Bereitschaft für Veränderung, für Wandlung und für Erneuerung.

Oder die Bereitschaft, den Schmerz zu beenden.

Fakt ist: ohne Bereitschaft geht gar nichts! Daher ist auch die Eingangsfrage in meiner Praxis: „Bist du bereit? Bereit, von dieser Sitzung zu profitieren, die Lösung zu akzeptieren und sie in den Alltag zu integrieren? Bist du bereit, das Gute und den Nutzen heraus zu ziehen?“

In allen Einzelcoachings und Sitzungen stelle ich gleich zu Anfang diese Frage. (Menschen, die kinesiologisch arbeiten, gehen zumeist so vor.) Ich beginne so, weil ich festgestellt habe, dass nur, weil ein Klient zu mir kommt, noch nicht die Bereitschaft für eine Veränderung da sein muss. Manche Menschen wollen zunächst einfach nur, dass der Coach „etwas weg macht“, das Thema löst – vergleichbar mit der Erwartung vieler Menschen an den Arzt: er wird die Krankheit heilen, er wird die Wunde schließen, er wird „es weg machen“, es beheben. Tatsächlich kann auch hier der Arzt, der Coach, der Lebensbegleiter ein hilfreiches Werkzeug sein, das Kenntnis über körperliche, seelische und emotionale Zusammenhänge hat und sie für den Klienten einsetzt. So kann ich mit meinen Werkzeugen dem Klienten Wahlmöglichkeiten anbieten, wie er zurück ins seelische und emotionale Gleichgewicht findet. Hierbei ist die Bereitschaft des Klienten entscheidend, ob er die Werkzeuge nutzen will und einsetzen will, ebenso wie die Bereitschaft für Veränderung. Will er tatsächlich, dass es eine Wendung gibt?

Am Anfang steht also die bewusste Wahl: „Ja, ich will!“ oder „Nein, ich will nicht!“.

Seit 2002 begleite ich Menschen in Einzelsitzungen. Die meisten Ratsuchenden haben sich für eine Veränderung entschieden. Sie haben gewählt, mich als begleitendes Werkzeug zu nutzen. Durch diese Formulierung bleibt klar, dass die Autorität und auch die Verantwortung für den Veränderungsprozess beim Klienten liegen – selbst bei Kindern ist sofort spürbar wie sie in die Selbstbestimmung hineinwachsen. Erwachsene zeigten allein an ihrer körperlichen Haltung, dass sie mit dem Bewusstsein, eine Wahl zu haben, in eine leichtere Selbstverantwortung eintreten.

Als Coach hab ich die Verantwortung für meine Vorgehensweise und den Verlauf der Sitzung. Das Ergebnis hängt von der Bereitschaft des Klienten und seinem Vermögen, sich einzulassen ab. Hierbei werden sehr achtsam und behutsam die Ressourcen des Klienten im Auge behalten; so sanft es geht und so klar, wie möglich.

Früher kamen Eltern und brachten mir ihre Kinder in der Erwartung, dass ich ihre Zöglinge wieder in die sogenannte „Spur“ bringe. Sehr bald habe ich mir angewöhnt ihnen mitzuteilen, dass das nicht meine Aufgabe und auch nicht Sinn meiner Arbeit sei. Mit dieser beabsichtige ich vielmehr Menschen, die bereit sind, sich zu befreien, sich selbst zu finden und sich selbst anzunehmen, auf ihrem Weg zu begleiten und mithilfe meiner Kenntnisse, den Stress zu lösen, der sie davon abhält, sie selbst zu sein. Auch Kinder entscheiden selbst, ob sie sich von mir dabei helfen lassen wollen, ihr Leben einfacher zu gestalten. Kinder sind sehr pragmatisch und direkt. Sie bekennen ihre Bereitschaft, erinnern sich daran, dass sie die Wahl haben, wie sie mit den Lebensumständen umgehen, erlauben eine sanfte und liebevolle Arbeit und nehmen ihre Möglichkeiten an. Sie erkennen instinktiv den Nutzen, den sie haben, wenn sie Stress lösen können. Sehr schnell, weil sie noch nicht so viele Mauern hochziehen und Masken aufsetzen konnten und weil sie sich unmittelbarer daran erinnern, was für großartige Wesen sie sind mit unendlichen Potenzialen.

So lassen sie zügig die einschränkenden Muster los .... und gehen spielen!

Mancher Erwachsener tut sich da weitaus schwerer. Die Überprüfung der eigenen Bereitschaft für Neuerung im Leben kann zunächst weiteren Stress auslösen, denn die Fragen: „ Ja, will ich das denn? Will ich es leichter haben? Darf ich es besser haben?“ stehen im Raum.

„Was passiert denn, wenn ich dieses Problem löse oder aufgebe? Ich weiß doch gar nicht, was danach kommt. Nein, nein, das Problem habe ich gut gepflegt, habe bis jetzt überlebt. Wer weiß, was passiert, wenn ich es jetzt löse.“ So lauten teils die bewussten oder auch unbewussten Aussagen, die bei näherem, entspanntem Hinsehen auftauchen.

Einige von uns Menschen sind es so sehr gewohnt zu leiden, dass sie sich einfach nicht vorstellen können, dass das Leben ganz leicht sein kann. Es gibt zu wenige Referenzerfahrungen, die uns wissen lassen, wie es ist, neue Wege zu gehen und glücklich zu sein. Bereitschaft ist eine innere Haltung, die sicherlich durch äußere Einflüsse inspiriert, unterstützt und angeregt werden kann.

Bereitschaft ist ein natürlicher Geisteszustand, der untermauert und gut begründet ist, wenn wir das Bewusstsein, wählen zu können, zurückerobert haben.

- Ich wähle
- Ich habe die Wahl
- Ich kann wählen
- Ich bin bereit, mich zu erneuern!
- Ich bin bereit, mich ganz anzunehmen, mit allem, was mich ausmacht und zu mir gehört!

II. Wer bist du wirklich?

Frei werden von unbewussten Abhängigkeiten

Der erste Schritt sich selbst wiederzufinden, mit sich selbst in Kontakt zu kommen, sich selbst und seine Muster kennenzulernen, kann das Aufdecken unbewusster Abhängigkeiten sein.

Wenn wir damit beginnen, uns selbst anzunehmen, gelangen wir automatisch zur Selbstreflexion. Selbstreflexion bedeutet sich selbst zu spiegeln, die eigenen Bewegungen, Kommunikations- und Verhaltensweisen und die darin zu Grunde liegenden Muster zu erforschen. Hier ist Bereitschaft ebenso wie Offenheit und Neugier erforderlich. Sich selbst wirklich kennenzulernen bedeutet aus dem vielleicht gewohnten „Ich bin halt so!“ in eine Haltung des Staunens zu kommen, in der wir anerkennen, dass wir vielschichtige, mehrdimensionale Wunderwesen sind.

Beginnen wir uns einfach selbst zu beobachten: wie gehe ich durch den Tag? Wie bewege ich mich tatsächlich? Lauf ich mit dem Kopf voraus, weil der so schwer und voll mit Terminen, Plänen und Ideen ist, die zu verwirklichen sind? Oder gehe ich mit dem ganzen Körper, mit aufrechtem Gang und Gewahrsein in den Füßen und Beinen, die mich fortbewegen? Und so weiter:

* Warum mache ich das, was ich tue?

* Wozu mache ich das?

* Was motiviert mich dazu?

Höre dir genau zu, sowohl bei den Fragen als auch bei den Antworten und nimm‘ sie einfach erst einmal an. Vielleicht wirst du ganz schnell über dich ins Staunen kommen oder vielleicht auch unangenehm berührt sein. Nimm es erst mal, wenn möglich, ohne es zu bewerten oder gar zu verurteilen. Es geht zunächst um deine Selbstentdeckungsreise.

„Ja, dieses oder jenes tue ich, um von meinen Eltern gesehen zu werden.“

„Ja, ich gehe dieser Tätigkeit nach, weil ich von der Gesellschaft anerkannt werden will.“

„Ja, ich kleide mich so, damit ich attraktiv wirke.“

„Ja, ich lese gern, weil ich dadurch in andere Welten abtauchen kann.“

Alle Antworten sind vollkommen in Ordnung! Alle Begründungen sind vollkommen in Ordnung! Ziel der Fragen ist ausschließlich, sich bewusst zu machen, wo oder wann wir uns über etwas Äußeres definieren oder uns sogar in eine unbewusste Abhängigkeit begeben. Es geht hier darum, sich seiner bewusst zu werden. Jegliche Bewertung der Motive ist überflüssig und eher kontraproduktiv. Bewertung führt zu nichts, außer zum Verlassen des Paradieses. Und sie hindert uns daran, uns anzunehmen, wie wir sind! Alles darf sein! So ist es im Moment.

Wir Menschen sind jeder für sich vollkommene Individuen. Es gibt ebenso viele einzigartige Wege sich auszudrücken, sich zu bewegen, zu sprechen, sowie Tätigkeiten, denen wir nachgehen. Keine Stimme ist exakt wie die andere und somit können wir aus einem ganz und gar einzigartigen Repertoire an Ausdrucksmöglichkeiten uns in die Welt bringen. Einheitlichkeit schaffen wir dann selbst durch Uniformen, Haarschnitte und Schmuckmoden. Es gibt in uns die Sehnsucht, sich anzugleichen, um dazu zu gehören.

Tatsächlich jedoch entspricht unser Eingestimmtsein auf das Leben der inneren Zugehörigkeit, die uns verbunden sein lässt mit dem Ganzen. Und gleichzeitig gestattet es, mit dem eigenen Ausdruck im Leben zu sein.

Wenn es uns gelingt auf die Bewertung zu verzichten, machen wir uns frei dafür, uns auszudrücken, wie es unserem Wesen entspricht. Schön ist, wenn wir uns unserer Muster bewusst werden und wenn wir unseren Eigenarten gegenüber aufmerksam sind und in diesem Bewusstsein Ja! zu uns sagen können.

Dabei gelingt es uns auch aufzudecken und zu erforschen, inwieweit wir uns über andere definieren, beispielsweise über die Beziehung, über den Partner, über die Kinder, über den Job, über den Sport. Wir alle haben Lebensbereiche, in denen wir uns wiederfinden und an denen wir uns orientieren zum Beispiel: "Ich bin eine, die regelmäßig Sport treibt." So gebe ich ein Bild ab, das in diesem Fall gesellschaftlich anerkannt ist – und darüber definiere ich mich gern.

Überhaupt definieren wir uns sehr gern über Leistung, Tüchtigkeit und Fleiß, denn diese Attribute sind uns im Kollektiv seit langem als positive Attribute angeraten.

„Ich bin einer, der regelmäßig alkoholische Getränke zu sich nimmt." Diese Äußerung werden wir höchstens aus Spaß im Kreise von Freunden von uns geben, jedoch nicht, um uns in der Gesellschaft zu definieren. In unserer Gesellschaft bezeichnen wir das regelmäßige Trinken von Alkohol als Alkoholismus und meinen damit eine Suchterkrankung. Süchte jedoch entsprechen in unserer westlichen Welt einem Krankheitsbild. Über ein Krankheitsbild definieren wir uns ungern, oder?

„Ich bin mit einer Drehbuchautorin verheiratet."

„Meine Kinder gehen alle aufs Gymnasium."

„Meine Eltern sind beide Rechtsanwälte."

„Meine Tochter hat den ersten Platz beim Turnier gemacht."

„Nehmen wir den 7er, den Z4 oder den Oldtimer?"

Solche und ähnliche Aussagen und Fragen sind häufig nur als Information gedacht. Als Information über das eigene gut sein, erfolgreich sein, reich sein – dabei helfen uns Titel und Statussymbole.

Wir berichten voller Stolz und mit unserer Zugehörigkeit über uns: „Schau mal, ich komme aus gutem Hause, bin gut verheiratet, habe viel geleistet, bin eine gute Mutter oder ein guter Vater. Besitz, Partnerschaft, Elternhaus, Arbeit, Leistung, gute Kinderstube und und und... Schau mal, hör mal: Ich bin gut, siehst du das?

Anerkannt und gesehen werden, das sind unsere brennendsten Wünsche. So fühlen wir uns als Teil des Systems; zugehörig und geliebt.

Hast du dir schon mal überlegt, was bleibt, wenn du alle Statussymbole wegdenkst? Wer bleibt? Was macht dich dann aus? Und vor allem: Was kann dann (endlich) sichtbar werden?

Wir sind es gewohnt, uns über die genannten Dinge zu definieren. Viele von uns orientieren sich daran - manche mehr, manche weniger, manche aus purer Gewohnheit. Sei dir dessen bewusst! Mit dem Bewusstsein eine Wahl zu haben, kannst du wählen, worüber du dich definieren willst und wie sehr.

Stell dir die Fragen:

- Definiere ich mich über meine Kinder oder bin ich einfach Mutter für sie?
- Definiere ich mich über meine Arbeit oder ist es einfach meine Tätigkeit, der ich nachgehe?
- Definiere ich mich als Arztfrau oder bin ich einfach ich?

Die Betrachtungsweise verändert automatisch unsere Haltung: Definieren wir uns unbewusst über andere oder anderes, geraten wir in eine tiefer wirkende Abhängigkeit. Abhängigkeit bedeutet, dass wir nicht frei sind, sie bedeutet, dass wir unser Leben, unser Wohlbefinden und unsere Lebensqualität von anderen abhängig machen.

Auch das gilt es zunächst anzuerkennen, anzunehmen. Abhängigkeiten sind grundsätzlich nichts Schlechtes, sie wirken sich einfach auf die Entscheidungs- beziehungsweise Wahlfreiheit aus. Wer also gern frei wählen können möchte, kann seine Abhängigkeiten überprüfen und betrachten. Über wen oder was definierst du dein Leben?

Grundsätzlich sind wir abhängige Wesen. Wir Menschen sind eine der wenigen Spezies, wenn nicht die einzige, die sich nicht gleich nach der Geburt reckt und streckt und schüttelt, aufsteht und die Nahrungsquelle ansteuert, um danach die Welt in immer größeren Kreisen zu erforschen. Wir kommen zur Welt und sind direkt abhängig von anderen Menschen, insbesondere der Mutter. Wir brauchen Nahrung, Wärme und affektive Berührung für unser gutes Gedeihen. Fehlt etwas davon, entsteht großer Stress.

Auf der Reise zu dir selbst

Abgesehen von deinem Namen, deinem Beruf und dem, wie du lebst – wer bist du? Auf jeden Fall bist du bereit diese Frage in deinem Kopf, vielleicht sogar in deinem Herzen zu bewegen, sonst hättest du jetzt nicht dieses Buch in deinen Händen und würdest nicht diese Zeilen lesen. Wenn du schon so weit gekommen bist, mach doch einfach noch einen weiteren Schritt, und frage dich ganz aufrichtig: Wer bin ich?

Um das herauszufinden, kannst du beispielsweise all deine Lebensumstände für die Dauer dieser Entdeckungsreise aus dem Fokus nehmen. Es sind häufig diese äußeren Dinge, über die wir uns definieren, wobei wir leider aus den Augen verlieren, wer wir sind. Vielleicht haben wir aber tatsächlich noch nie wirklich einen Blick darauf gerichtet, wer wir sind, weil wir es gewohnt sind, uns einzurahmen mit Eltern, Frau, Mann, Kinder, Haus, Auto, Yacht, Job oder Sport. Ja, wir definieren uns über solche Dinge. Mit ihnen beschreiben wir unser Leben und für viele Zeitgenossen sind eben genau diese Dinge auch wichtig.

Gleichzeitig ist das äußerlich Sichtbare unseres Lebens, das wir uns in unserem Leben geschaffen haben, auch die Antwort auf unsere besondere Weise im Leben zu sein, unser Leben zu leben. Es sind die Resultate der Entscheidungen und Wahlen, die wir getroffen haben und unserer Arbeit, sowie unseres Sosein, wie wir sind.

Kommt die Frage: „Wer bist du, was macht dich aus?“ bei dir an?

Wer sich mit sich selbst auseinandersetzt, mit seinen Emotionen, Blockaden oder Geschichten seiner Kindheit, ist schon ein bisschen suspekt, oder? Wer will das schon wissen? Lass uns lieber über die anderen reden, das ist unverfänglicher, oder? Was passiert, wenn wir Identitätsthemen und auch unser Interesse an persönlicher Entfaltung im Freundeskreis ansprechen? Halten die Freunde die Fragen und Themen aus? Vielleicht kommt der Einstieg in persönliche Themen, wenn wir uns Zeit geben beieinander anzukommen und er beginnt möglicherweise damit, dass wir über unsere momentane Situation sprechen. Wie sieht der Alltag gerade aus? Möglicherweise ist es bequemer erst mal über das Geleistete, den letzten Urlaub oder das Wetter und die aktuellen Einkaufserfolge zu sprechen. Und dann finden wir einen tieferen Einstieg ins Gespräch. Darf es persönlicher werden?

Gelingt es ein Gespräch darüber zu führen, wer wir sind, was uns ausmacht, was unser Motor ist, unsere Motivation morgens gern aus dem Bett zu hüpfen? Können wir uns darüber austauschen in welcher Lebensgrundstimmung wir uns befinden – was in uns schlummert? Wie sieht es mit unserer Lebenslust aus? Was macht dir Freude? Welchen Stellenwert hat die Hoffnung, Heiterkeit, Zuversicht, Dankbarkeit, Sentimentalität und Melancholie?

Erst im Gespräch, im Kontakt mit dem anderen erkennen wir uns selbst. Wir Menschen brauchen einander um uns selbst zu erforschen. Im Kontakt mit dem anderen, komme ich in Kontakt mit mir.

Wenn wir uns trauen im Freundeskreis tiefer nachzufragen, wenn wir uns erst einmal darauf einlassen, dann erleben wir möglicherweise eine ganz andere Innigkeit und Offenheit miteinander. Wir können Menschen vor uns sehen, die wir vielleicht zuvor so noch nicht erkannt haben.

Und am Ende des Abends oder des Treffens, der Zusammenkunft, haben wir das Gefühl, uns wirklich nahegekommen zu sein, uns offenbart und etwas Kostbares miteinander geteilt zu haben. Das ist so, weil wir uns selbst gezeigt haben, uns anvertraut haben und dieses Öffnen hat uns einander nähergebracht und uns gewärmt. Wir brauchen einander.

Auch dies kann ein Weg sein, sich aufzumachen und wirklich sich selbst zu erfahren, erleben und herauszufinden, wer ich bin. Möglicherweise wird das, was du dabei entdeckst, dir den Atem verschlagen. Auf dieser Entdeckungsreise wirst du dich kennen lernen und eines schönen Moments wird dir bewusst, was für ein vielschichtiges, multidimensionales und wunderbares Wesen du bist! Manch einer wird dadurch mit Leichtigkeit sein Leben auf den Kopf stellen.

Es könnte dir auffallen, dass du durch den Alltag und deine Gewohnheiten dabei warst, dich auf das oberflächlich betrachtet Naheliegende zu reduzieren, zum Beispiel auf deine Arbeit und deine Familie. Doch jetzt, da du dir selbst auf die Spur kommst, liegt deine Ausrichtung neuerdings darauf, dir immer wieder Gelegenheiten zu schaffen, in denen du dich mit deinen Wesensarten befassen kannst. Dies ist eine wunderbare Art

(=Kunst), mit der du dich durch dich selbst auftanken kannst, deiner ureigenen Energie gewahr wirst und sie dadurch erneuern kannst. Jede Aufmerksamkeit, mit der du dich dir und deinen Anteilen zuwendest, wird dich mit allem (wieder) beleben. Und je kontinuierlicher du dir Raum und Zeit dafür nimmst, dies zu tun, desto alltäglicher wird deine Hinwendung zu dir selbst, die wiederum für eine alltägliche Belebung deiner Wesensarten sorgt.

Erinnere dich, wer du bist.

Mache dich auf den Weg, dich selbst kennen zu lernen:

- Dich, ohne deine anerzogenen Muster
- Dich, ohne deine Ängste
- Dich, ohne deine Statussymbole
- Dich, ohne deinen Partner
- Dich, ohne deine Kinder
- Dich, ohne deinen Job
- Dich, mit dir!

Wenn es dir schwer fällt, das in deinem Alltag zu tun, kann ich dir folgendes Vorgehen empfehlen. Ich habe es selbst ausprobiert.

Übung 4: Reise ins Ich

Ziehe dir witterungsgemäße Kleidung an, packe deinen Rucksack, indem du alles verstaust für die Zeit, die du dir jetzt zur Erkundung deiner selbst nehmen wirst – und dann mache dich auf, bepackt nur mit dem, was du wirklich brauchst (du wirst es bei dir tragen müssen). Mache dich auf den Weg zu dir selbst! Auf diesem Weg zu dir selbst gehst du allein. Du nimmst niemanden mit. Es kann sein, dass du auf deinem Weg Begleiter triffst. Lasse sie dich bereichern und bereichere du sie. Du fragst dich, wie? Keine Sorge: Das wird automatisch geschehen.

Durch die körperliche Bewegung kann auch die geistige Ebene zunächst in Bewegung kommen. Eingefahrene Gedankenmuster, Hamsterräder oder sich ständig drehende, jedoch nicht mündende Grübeleien kommen in Bewegung und können so einer neuen Ordnung entgegen gehen. Dabei wirst du, dein Selbst zur Ruhe kommen. Über einen längeren Zeitraum zu wandern, kann ermöglichen, dass du dir selbst einen neueren, erweiterten Zugang in deine Innenräume erschaffst. Es wird möglich, dass du auf den Grund deines Seins tauchen kannst. Dabei wirst du dich wahrscheinlich neu kennen lernen und auch eine Stille finden, die sehr bedeutungsvoll sein kann. Du wirst in Kontakt mit deinem Wesen kommen.

Stille Freude und gute Reise!

Finde dich in dir!

Wir sind es gewohnt, die Lösung für ein Problem im Außen zu suchen. Rat suchen wir bei anderen, doch eigentlich liegt die Lösung immer im Innen. Wir haben immer alles, was wir benötigen, in uns. Damit will ich nicht sagen, dass wir stets bestens auf uns allein gestellt sind. Nein, ganz und gar nicht – ich will nur anmerken, dass die Lösung meist vor dem Problem schon da war und dass wir, wenn wir etwas über uns erfahren wollen, in uns hinein spüren und horchen sollten. In Kontakt mit anderen Menschen können wir sehr viel über uns selbst erfahren, das Erleben findet jedoch innen statt.

Die Voraussetzung dafür, an unsere inneren Schätze zu gelangen, ist die zuvor beschriebene Bereitschaft, uns selbst anzuschauen, in uns zu schauen, zu lauschen und bei allem, was da zu sehen und zu hören ist, in die Haltung der Akzeptanz zu kommen. Ja, ich nehme mich an, mit allem! Das klingt einfacher als es zunächst erscheint, ist aber der einfachste Weg, sich mit allen Eigenarten vertraut zu machen und sich kennen zu lernen. Ja, auch beispielsweise die Verletzlichkeit gehört zu mir oder, Aha, ich ziehe mich zurück bei Konfrontationen.

Eine Klientin kam eines Tages zu mir, weil sie so, wie sie gerade lebte, nicht weitermachen wollte und konnte. Mit Anfang 50 war sie gesund und fühlte sich dennoch unruhig. Äußerlich betrachtet lief ihr Leben in geregelten Bahnen, doch innerlich war sie gereizt, was ihr Umfeld deutlich zu spüren bekam. Das wollte sie nicht mehr, doch was sie wollte und was wirklich der Grund dafür war, dass sie so unruhig war, konnte sie nicht sagen. Meine Fragen an sie kreisten ein, in welchem Lebensbereich das geschilderte Gefühl sich besonders bemerkbar machte. Langsam begann sie zu erzählen – immer wieder stockte sie, weil sie glaubte, die Antwort nicht finden zu können. Also veränderte ich die Frage und wollte wissen:

„Was macht dir Freude?" Die ersten Sekunden sah sie mich verständnislos an, murmelte etwas vor sich hin, runzelte die Stirn und blickte wieder auf und sagte dann: „Das weiß ich nicht wirklich." Schulterzucken und eine traurige Miene waren das vorläufige Resultat. Ich variierte die Frage: „Was lässt dein Herz hüpfen? Kennst du das Gefühl?" Sie antwortete mit einem deutlichen Ja und auf einmal sprudelte es aus ihr heraus. Sie hatte früher immer gern gemalt und verschiedene Workshops und Kurse besucht, ja sogar ganze Ausstellungen mitgestaltet. Auf einmal überkam sie Trauer. Trauer darüber, dass sie sich damals so wenig zugetraut und sich selbst davon abgehalten hatte, die Dinge zu tun, die ihr wirklich Freude bereiteten.

Wir Menschen werden alle durch unser Umfeld geprägt. Die Phase der stärksten Prägung liegt in der frühen Kindheit und ist dadurch eng mit unserm Elternhaus verbunden. Wir lernen durch die Bemerkungen, Worte und Sätze unserer Eltern oder Großeltern und der Menschen, die mit uns leben, was scheinbar möglich ist und was nicht.

Das „Lass mal!" kann dabei eigentlich der Mutter oder dem Vater gehören, die sich selbst nicht ausdrücken konnten oder eine abschätzige Haltung gegenüber Malen und Basteln hatten. Wir übernehmen diese Denkmuster unbewusst und das unbewusste „erben" von einschränkenden Verhaltensweisen gestaltet unser Leben. Diese uns beschränkenden Muster können aufgedeckt und gelöst werden, so dass wir bewusst eine Wahl treffen können, mit der wir uns ermuntern und ermutigen – in oben genanntem Fall - kreativ und freudig Neues zu gestalten.

> Meine Klientin fand heraus, dass die Ursache ihres Unwohlseins ihr inneres „Lass mal!" war, welches sie sich immer dann vorgesagt hatte, wenn sie ihrer Kreativität freien Lauf lassen wollte. Sie wechselte es in ein aufmunterndes „Ich tu´s!" aus und eroberte sich so ihre Selbstwertschätzung zurück. Mittlerweile sehe ich sie gelegentlich in der Zeitung mit Ankündigungen für eine neue Ausstellung ihrer Kunstwerke.

Zu Erkenntnissen dieser Art gelangen wir generell durch Innenschau. Für wen das neu ist, der wird möglicherwiese eine aufregende Entdeckungsreise beginnen. Und wenn du dich dabei begleiten lassen willst, kannst du eine Lebensberatung finden, die dich bei der Innenschau begleitet und es dir erleichtert auf der Spur bzw. am Ball zu bleiben. Es kann ein Abenteuer sein, wenn sich Anteile in uns offenbaren, von denen wir gar nicht wussten, dass es sie gibt. Dabei können Seiten, Facetten und Aspekte von uns sichtbar werden, die uns aufgrund unserer Herkunft und Prägung vielleicht zunächst gar nicht willkommen sind. Auf dieser Reise dann ganz wertfrei Ja! zu diesen inneren Anteilen zu sagen, kann für eine Überraschung sorgen. Mit dem Ja! zu uns selbst öffnen wir eine Tür zu weiteren Wesensräumen und einem tieferen Verständnis für uns selbst und unser im Leben sein.

Wir begeben uns in eine Welt, in der dynamisches Leben, Werden, Sein und auch Vergehen stattfinden. Wir erfahren die Quelle in unserem ureigenen inneren Kern.

Wenn wir das Bewerten lassen können, erkennen wir in uns eine Welt voller Facetten: Da gibt es zum Beispiel den inneren Lehrer, den inneren Weisen, den inneren Säugling und auch das innere Kleinkind. Mit all diesen Aspekten unserer Persönlichkeit werden wir uns im weiteren Verlauf dieses Buches noch befassen.

Was in einer Innenschau zutage treten kann, sind unter anderem verleugnete, vermiedene und nicht erlaubte Gefühle wie zum Beispiel „Interesse für sich selbst zu haben" oder „sich selbst zu akzeptieren – in aller Liebe". Das Potenzial, uns selbst vollständig anzunehmen als die, die wir sind, ist in jedem von uns angelegt. Durch unsere Erziehung und die Prägungen durch die Außenwelt, verurteilen wir jedoch beispielsweise Selbstliebe als Egoismus. So wird sie von uns und unseren Mitmenschen kontinuierlich verleugnet und in die ewigen Jagdgründe des Unterbewusstseins katapultiert. Nun, Gott sei Dank ist es unser eigenes Unterbewusstsein, sodass wir uns jetzt, da wir uns diesen Kenntnissen annähern, auch endlich darum kümmern können.

Übernimm Verantwortung für dich!

Eine solche Innenschau erfordert Eigenverantwortung. Wir sind verantwortlich für unser Leben. Hier liegt wohl eine große Schwierigkeit meines Erachtens. Wir haben gelernt, dass es die große Schuld gibt. „Wer ist schuld"?, so lautet die Frage, die wir als Kinder hören, wenn wir zusammen mit den Geschwistern etwas angestellt haben. Wer hat das gemacht, wer ist schuld? Da nun der Schuldige meist die Strafe zu erwarten hatte, war natürlich keiner gerne schuldig. Dadurch wurden viele von uns so konditioniert, dass wir die Schuld häufig beim anderen suchen. Das ist praktisch und einfach, denn wenn der andere sowieso die Schuld hat, brauchen wir uns nicht mehr mit der eigenen „Schuld" auseinander zu setzen. Das Muster nimmt seinen Lauf: der andere ist Schuld und ich lerne nicht, wie ich für mein Denken, Fühlen und Tun Verantwortung tragen kann.

Nun denn, jede und jeder von uns hat die sogenannten „Leichen im Keller", also Unbearbeitetes, Verdrängtes und Verleugnetes im Unterbewusstsein.

Mit dem Beginn deiner Innenschau wirst du dich annähern und in Kontakt kommen mit dem Verdrängten. Ich lade dich herzlich ein, dich damit anzunehmen. Auch diese Teile von dir. Sie machen dich ganz und rund und kompletter und vollständiger. Und diese Vollständigkeit brauchst du um das Leben zu genießen und endlich das zu tun, was du aus vollem

Herzen mit aller Liebe tun willst und der oder die zu sein, die du wirklich sein willst.

Also, was immer es ist, was du in deiner Innenschau entdeckst: nimm es in Liebe an! Nimm dich in Liebe an! Öffne dein Herz für diesen Teil von dir, nimm ihn an! Nimm dich mit all dem, was dich ausmacht, in dein Herz! Liebe dich!

Es ist nicht gut, es ist nicht schlecht. Es ist einfach. Sag dir:

- Ich liebe mich, auch mit ... z.B. meiner Eifersucht
- Auch wenn ich morgens nie aufstehen mag, nehme ich mich ganz in mein Herz.
- Ich liebe und akzeptiere mich voll und ganz mit meinen Schwächen.

So gelingt der erste Schritt aus dem Verurteilen und Bewerten des Außen hin zum eigenverantwortlichen Umgang mit uns selbst.

Darüber hinaus können wir das, was uns im Außen aufbringt, als Spiegel in die Hand nehmen und mit diesem Blick auf uns selbst lenken.

Spiegelung

„Der oder die hat uns unfreundlich behandelt,... der hat mich nicht gesehen , ...der hat meine Grenzen nicht eingehalten, ...der hat mir die Vorfahrt genommen, ...die hat mich nicht begrüßt, ... die hat mich nicht angesehen,... die war so komisch zu mir, ...alle haben mich übersehen ... und so weiter.

Sobald wir eigenverantwortlicher mit uns und unserem Leben umgehen, werden aus solchen Anklagen Aussagen, die uns helfen, unsere Gefühle zu reflektieren. Der erste Schritt dabei ist, von sich selbst zu sprechen:

„**Ich** fühle mich unfreundlich behandelt, ... **ich** fühle mich nicht gesehen,... **ich** fühle meine Grenzen überschritten,...**ich** fühle mich komisch behandelt,“ und so weiter.

Wenn wir davon ausgehen, dass all diese negativen Dinge nur dann geschehen können, wenn wir uns selbst unachtsam und schlecht behandeln, dann kommen wir zu dem Ergebnis, an dem wir anerkennen können:

„**Ich** behandele mich unfreundlich = ich bin nicht freundlich zu mir selbst, oder **ich** sehe mich nicht... **ich** überschreite meine Grenzen, **ich** behandele mich komisch, “... und so weiter.

Je mehr Schritte ich in diese Richtung der Selbsterforschung unternehme, desto mehr kann ich einkreisen um was es wirklich geht. Und es geht dann meist um Selbstbeachtung, sich selbst ein Freund zu sein – freundlich mit sich selbst zu sein.

Auch hier ist der erste Moment das Anerkennen der Unfreundlichkeit sich selbst gegenüber. Ja, das ist passiert.

Wie kann ich freundlicher mit mir sein? Wie kann ich mich mit mir selbst befreunden, anfreunden? Wie kann ich mir selbst Freund bzw. Freundin sein? Was bin ich bereit zu tun, um freundlicher mit mir umzugehen, mich und meine Bedürfnisse zu sehen, auf meine Grenzen zu achten und bewusst zu entscheiden, wie und wann ich sie erweitere?

Meist ist spätestens hier der Punkt erreicht, an dem wir unser Herz weit für uns selbst öffnen, weil wir spüren, dass hier die Wahrheit verborgen liegt, Und wenn hier die Wahrheit liegt, dann ist hier der Schlüssel, die Lösung.

Ankommen im Jetzt!

Im Jetzt liegt der Schatz! Im Jetzt Ja! zu sagen, bedeutet Annahme all dessen, was ist.

Eckhardt Tolle hat in Jetzt! Die Kraft der Gegenwart (Tolle, Eckhart: Jetzt! Die Kraft der Gegenwart, Bielefeld 2003. (Hörbuch)) in eingängiger Weise die Kostbarkeit des gegenwärtigen Augenblicks dargestellt. Er zeigt das auf, was mit uns geschieht, wenn wir uns erlauben, uns in unseren Gedanken zu verstricken – und was, wenn wir uns erlauben, frei zu sein von unnötigen Gedanken, uns trennen von der Verstandesenergie: Wir gelangen ins Sein. Sein , im gegenwärtigen Augenblick, dem einzigen Augenblick, in dem wir leben und wirken können.

Vergangenheit und Zukunft sind Zeiten, in denen wir nicht mehr oder noch nicht handeln können. Doch der gegenwärtige Moment, das Jetzt ist die einzige Zeit, die wahrhaft existiert und in der wir sein können. Sein.

Dasein. Im Sein ist alles enthalten, das Tun, das Handeln, das Denken, das Fühlen. Jetzt. Nicht vorhin, nicht gleich – nur jetzt!

Das Annehmen des Jetzt hilft uns, uns daran zu erinnern, wie großartig, liebenswert und lichtvoll jeder von uns ist. Das anzuerkennen gelingt nur im jetzigen Augenblick; wir können alles, was wir tun, nur jetzt tun, egal, was vorhin war oder gleich sein wird.

Jetzt ist der Moment, in dem wir unsere Impulse vernehmen können. Nur Jetzt. Jetzt ist der Moment, in dem wir Wahlen treffen können, wie der Tag, die Woche, der Monat gestaltet werden kann. Wenn ich aber aus dem Jetzt davonlaufe und mich in den Aktivitäten des Tages verliere, eile ich mir selbst voraus und kann wesentliche Bewegungen in mir nicht empfinden. Erst beim Innehalten und Ankommen in mir erspüre ich den Rhythmus meines Körpers, des Tages und der wesentlichen Anforderungen. Darauf dann weise und eingestimmt zu reagieren, gelingt viel einfacher als im sich vorgenommenen Programm oder Aktionsplan einfach unüberlegt voranzuschreiten. Das Annehmen dessen, was ist – das Annehmen der Illusionen, denen wir erlegen waren – das Annehmen des einzigartigen Augenblicks, in dem wir uns jetzt gerade befinden – das Hier und Jetzt zu schöpfen, ganz präsent zu sein, ist eine kleine Kunst. Dennoch nur Übungssache. Wir können es uns zur Gewohnheit machen, ausschließlich den gegenwärtigen Moment zu meistern, dann gelingt uns alles! Sicher!

Hierzu die Geschichte von Julia:

> Julias Nerven waren wegen diverser Probleme sehr strapaziert. Als sie deshalb moralische Unterstützung bei ihrem Partner suchte, konnte sie ihn stundenlang nicht erreichen, was absolut ungewöhnlich war, denn üblicherweise telefonierten sie bereits frühmorgens miteinander, weil sie weit auseinander wohnten. Ein ungutes Gefühl überkam sie. Später, sehr spät, als sie

ihn endlich erreichen konnte, spürte sie eine sonderbare Distanz zwischen sich und ihrem Partner, keine herzliche Verbindung mehr. Auch das war neu; sie war bis zu diesem Zeitpunkt überzeugt davon, dass sie mit diesem Mann jegliche partnerschaftliche Hürde meistern und besprechen könne. „Alles in Ordnung mit uns?“, fragte Julia in der Hoffnung ein eindeutiges und herzliches Ja! zu hören. Stattdessen erwidert ihr Freund zögerlich nach längerer Atempause: „Mal mehr, mal weniger.“ Ein unheimliches Gefühl bemächtigte sich ihrer und ihre Verunsicherung entzog ihr den Boden unter den Füßen.

Für einen kurzen Moment rauschte ihr so laut das Blut in den Ohren, das sie dachte, sie stehe kurz vor einem Nervenzusammenbruch. Alles, was sie über Stressbewältigung wusste, flimmerte durcheinander vor ihren inneren Augen, aber es war ihr nicht möglich eines davon zu ergreifen und umzusetzen, geschweige denn, sich damit zu befassen.

Auf einmal hörte sie eine Stimme: „Atme“.

Atme ein und atme aus.

Es gibt nur das Hier und das Jetzt.

Mehr brauchst du nicht zu bewältigen. Mehr nicht. Achte nur auf das, was jetzt dringend getan werden muss.

Um mehr brauchst du dich nicht zu kümmern.

Was ist jetzt?

Was brauchst du jetzt?"

„Luft", fühlte Julia. „Atmen – Luft atmen".

Minutenlang befasst sie sich nur mit ihren Atemzügen. Nach und nach kehrte etwas Ruhe in sie ein.

Dann war sie drauf und dran, sich wieder mit ihren Problemen zu befassen, doch die Stimme sagte: „Wohin führt das? Kümmere dich nur um den Augenblick! Was gibt es jetzt hier zu tun?"

Ihr fiel ein, dass sie eine Einladung zum Mittagessen hatte sie mochte gar nicht hingehen, aber es gab in diesem Moment auch nichts anderes zu tun; ihren Partner würde sie erst zwei Tage später sehen und sprechen können.

Also hörte sie auf die Stimme und sorgte instinktiv dafür, körperlich bei Kräften zu bleiben. Sie ging zu dem Mittagessen, bei dem glücklicherweise sechs andere Kollegen waren, die rege die Unterhaltung übernahmen. So konnte sie in Ruhe essen.

Nur essen.

Julia konzentrierte sich auf jeden Bissen, schmeckte jede Nuance, spürte ihren Körper und achtete auf jede Kleinigkeit. Sie registrierte jede Bewegung und verwendete ihre ganze Aufmerksamkeit auf die Dinge, die sie in diesem Moment tat. Das war ihr Glück, und das war ihre Rettung. Sie musste nur mit dem naheliegenden klar kommen, nur im Jetzt sein, kauen, schmecken, schlucken und atmen.

So machte sie es den ganzen Tag. Immer wenn in ihrem Kopf die sorgenvollen Bilder die mit ihren Problemen mit Familie und Partner aufstiegen und damit die Verzweiflung spürbar wurde, fragte sie sich: „Was kann ich jetzt gerade tun? Was brauche ich jetzt?“ Die Antwort lautete meistens: „Jetzt kannst du diese Probleme betreffend gar nichts tun, du kannst jedoch JETZT HIER SEIN!“ So gut es ging, orientierte sie sich an diesen Worten:

JETZT HIER SEIN!

So ging sie mit dem, was aktuell zu tun war und bewältigte all das mit einer stillen besonderen Kraft. Sie wusste, sie musste nur den gegenwärtigen Augenblick meistern, mehr nicht.

Ihre Orientierung in der Gegenwärtigkeit zu verwurzeln war Julias Rettung in einer Lebenskrise. Sie hat ihr geholfen, immer besser und häufiger bei sich und in sich anzukommen und sich in sich selbst geborgen zu fühlen. Diese Krise war ihre Chance zu sich selbst zu kommen. Eine Unterstützung, an ihre inneren verborgenen Kräfte zu gelangen.

Auf solche Weise kann sich eine schwierige Lebenszeit oftmals rückblickend als großer Schatz entpuppen. Förmlich forciert zu werden durch einen Schmerz ganz im Hier und Jetzt zu bleiben und dies somit vielfach zu praktizieren, stabilisiert diese Lebenshaltung. Klarheit, Simplifizierung und auch Geborgenheit entspringen dieser Haltung. Und unterstützen, zu sich selbst zurück zu finden.

Lass dich ein auf die Gegenwart, auf den einzigen Augenblick, in dem du tatkräftig und schöpferisch sein kannst! Alles In-die-Zukunft-Schweifen lässt dich deine Macht über die Gegenwart und dein jetziges Sein einfach abgeben. Sobald du im Hier und Jetzt ankommst, ergreifst du automatisch die Gelegenheit beim Schopf der oder die zu sein, der oder die du jetzt gerade bist!

Der Augenblick ist der Schlüssel zu allem.

Mach dich frei von Bewertungen!

Eine gute Voraussetzung für das Annehmen ist es, dies bewertungsfrei zu tun. Gut und schlecht, lieb und böse, Glück und Unglück – schlussendlich ist alles auf diese wenigen bewertenden Adjektive zurückzuführen. Indem wir bewerten, fallen wir aus der Mitte.

Jedoch eben diese Mitte ist es, die, wenn wir in ihr sind, unsere ganze Kraft birgt und unser Dasein im Gleichgewicht hält. In ihr finden wir die Balance, aus der heraus wir das Leben vielseitig erleben. Unsere Bewertungen orientieren sich allerdings an Gewinnen und Verlieren, Ehren und Verachten, Loben und Tadeln, Sich –Freuen und leiden. Sowohl daran anzuhaften als auch es abzulehnen entfernt uns aus unserer Mitte. Die Gewohnheit abzulegen, die Dinge zu bewerten, erfordert eine gründliche Überarbeitung unserer Denkweise. Dazu ein Beispiel:

Während ich dieses Buch verfasse und daran einige Zeit kontinuierlich schreibe, beobachte ich mich in meinem Umfeld. Ich befinde mich auf einem Seminarhof, der verschiedene Gruppen von Menschen beherbergt.

Bei den Mahlzeiten kommen wir alle im Café zusammen. Auch wenn ich nicht mit den Gruppen am Tisch sitze, sondern hin und wieder mit den Eigentümer des Hofes speise, nehme ich mir Zeit, die Menschen zu beobachten.

Eine Gruppe fällt mir durch ihre Präsenz auf: Wie kraftvoll und geerdet ihre Teilnehmer auf mich wirken! Während eine andere Gruppe eher zaghaft und schwebend wirkt. Einige ihrer Mitglieder machen den Eindruck nicht ganz bei sich zu sein, andere jedoch ganz in ihrem Körper zu wohnen und sich ihrer selbst genau bewusst zu sein. Langer Blickkontakt im Gespräch mit ihnen überrascht mich und zeigt mir, dass die Menschen gut bei sich angekommen sind. Wie wunderbar! – Und hier ist sie auch schon: meine Bewertung.

Zunächst habe ich all diese Menschen zu einer Einheit zusammengefasst, auch wenn sicher manche nicht in die Gruppe passen. Dann habe ich ihnen Eigenschaften wie „Präsenz“ und „fahrig sein“ zugeordnet und schon bewerte ich. Ich analysiere nicht nur, sondern bewerte ihr „präsent sein“ als gut und „fahrig sein“ als schlecht. Dieses Bewerten geschieht ungewollt, automatisch – ich bin dazu konditioniert. Wie wir alle!?

Ja, wir sind es gewohnt zu kategorisieren und zu bewerten. Das haben wir früh gelernt. Und wir sind auch in der Lage, uns bewusst zu machen, wann und wie wir uns mit unseren Bewertungsmechanismen im Weg stehen. Wenn es mir möglich ist, das, was ist, was ich beobachte, schlicht als eine Erfahrung wahrzunehmen, kann ich das leichter annehmen. Und ich kann leichter in meiner Mitte bleiben. Das ist mir wichtig; in meiner Mitte sein!

Mithilfe dieser Selbstreflexion kann ich mich leichter öffnen ohne Bewertung zu schauen und alle Gruppen frei zu betrachten und anzunehmen, als die, die sie sind. Letztlich weiß ich ja auch gar nicht, was für diese Menschen gut und richtig ist.

Diese Gedanken machen es mir leicht, zu akzeptieren, was ist. Alles hat sein Zeit – fahrig zu sein ebenso wie präsent zu sein. Und in allem liegt eine Qualität, die wir nur erkennen können, wenn wir die Dinge so begreifen und nehmen, wie sie da sind. Gelingt uns das, wird es immer einfacher, das anzunehmen, was ist.

III. Auf dem Weg zum anderen

Mitgefühl: Hilfe annehmen – auf Hilfe vertrauen

Mitgefühl entsteht, wenn wir zur eigenen Geschichte, zu den eigenen Anteilen, zum eigenen Weg Ja! gesagt haben. Wenn wir damit ganz annehmen, wer und wie wir sind, ist es ganz leicht, Mitgefühl für andere Menschen zu haben. Aus der Selbstliebe entstehen Toleranz und Verständnis. Jede Beurteilung, jede Verurteilung verschwindet. Dabei ist es gleichgültig, wie oder was jemand ist- liebendes Mitgefühl ist die Folge von Selbstliebe und entspringt dem geöffneten reinen Herzen.

Mitgefühl ist das, was wir von Jesus Christus lernen – ohne Wenn und Aber, ohne auf Herkunft, Kleidung oder Statussymbole zu achten;

- Ja! du bist
- Ja! du bist Teil der Menschheit
- Ja! du bist eine, einer von uns!
- Ja! du bist ein Kind Gottes!
- Ja! du bist da!

In unseren Kirchen wird Mitgefühl so immer wieder zum zentralen Thema. Findet es jedoch auch seinen Platz in unserem Alltagsleben?

Lasst uns hier Mitgefühl von Mitleid klar unterscheiden! Beide sind zwei ganz unterschiedliche Aspekte im Umgang mit Menschen. Während Mitleid schon durch die Wortwahl bekundet, dass es darum geht mit zu leiden, das Leid des anderen „mitzumachen“ und es dadurch noch schwerer zu machen, lässt das Mitgefühl den anderen spüren, dass man mit ihm fühlt – voller Zuneigung, Toleranz, Achtsamkeit und Ebenbürtigkeit.

Mitleid kann das Leid erschweren, während Mitgefühl die Arme ebenbürtig öffnet.

Mitgefühl setzt voraus, dass wir eine Ahnung von den Gefühlen haben, die der andere gerade erlebt. Entweder indem wir uns auf den anderen einlassen oder indem wir an eigene Erfahrungen erinnert werden, an Gelegenheiten, bei denen wir uns ähnlich gefühlt haben. Mitgefühl lässt uns zu gegenseitiger Wertschätzung zurückfinden. Wertschätzung für uns selbst, Wertschätzung für die Menschen in unserem Umfeld, Wertschätzung für alle Menschen. Das geschieht, wenn wir uns wirklich auf das Leben, auf unser Leben einlassen können, mit allem Aus- und Nachdruck Ja! sagen. Dann werden wir durch das Mitgefühl unsere Herzen dauerhaft öffnen können und auf diese Weise uns und die Menschen, mit denen wir in Berührung kommen, heilen.

Heilen bedeutet hier ins Gleichgewicht zurückzukommen, in Frieden sein zu können und immer wieder die Mitte zu finden. In der Mitte sein, in der stillen, atemfreien Achse zu sein, die große Stille und Kraft birgt, ist bei aller Aktivität im Außen der ruhende Pol im Innen, im Zentrum. Hier ist in uns das Wissen um Alles angelegt. Dorthin zurück zu gelangen, ermöglicht der mitfühlende Blick des Gegenübers, der anerkennt: Du bist! So können wir aus dem tiefen Wissen, worum es geht, das Leben meistern.

Hilfe annehmen

Können wir um Hilfe bitten? Ist es uns möglich auszusprechen: "Ich brauche Hilfe, könntest du mir helfen bitte?"

Viele von uns bieten sehr gern ihre Hilfe an. Wenn wir helfen, wachsen wir über uns selbst hinaus und sind froh, etwas von uns selbst geben zu können. Wenn uns ein Mensch braucht oder eine Situation unsere Hilfe erfordert, ist dies für uns wie ein Beweis für unsere Daseinsberechtigung. Möglicherweise ein Inneres „siehst du, du bist doch zu gebrauchen, bzw. erwünscht, " spornt uns an. So ein Gedanke spornt uns an.

Wenn es jedoch darum geht, selbst um Hilfe zu bitten, tun wir uns ungleich schwerer:

- Ich melde mich, wenn ich etwas brauche
- Wenn ich nicht klar kommen sollte, sag ich Bescheid
- Ja, ich sag es schon, wenn ich Hilfe benötige

Viele von uns äußern solche Dinge zwar, doch melden wir uns wirklich bei unseren Freunden oder der Familie, wenn wir Hilfe brauchen? (und mit Hilfe meine ich nicht das Ausleihen einer Tasse Zucker oder das Anbringen eines Regals!) Nein, häufig tun wir es nicht! Stattdessen meinen wir, alles mit uns selbst ausmachen zu müssen. Wie oft sagen wir „Damit muss ich schon allein klarkommen"? Dabei tut sich, wenn wir sagen

„Ich brauche dich, ich brauche deine Hilfe!“ eine neue andere Tür im Leben auf.

Probiere es mal aus, nur den Satz „Ich brauche dich!“, zu sagen.

In meiner Praxis erlebe ich immer wieder, dass das Aussprechen dieses Satzes zunächst aufwühlt. Gelegentlich sagt der Klient sogar: „Nein das sage ich nicht, auf keinen Fall!“ Wenn ich jedoch dazu ermuntere es auszuprobieren und er es irgendwann über die Lippen bringt, wandert eine emotionale Welle durch den Körper, die aussieht wie kontraktierender Schmerz gefolgt von erlösender Weite und Herzöffnung. Im Gesicht steht dann oft Trauer und Erlösung gleichermaßen geschrieben. Sich selbst einzugestehen, dass wir Menschen einander brauchen, dies auszusprechen, hat eine aufwühlende und erlösende Wirkung.

So geben wir uns selbst eine Chance neue Erfahrungen zu machen, uns selbst und unsere Mitmenschen neu zu entdecken, denn mit ihnen offenbaren sich alsbald Möglichkeiten, an die wir überhaupt nicht gedacht haben. Trotzdem weigern wir uns oft, das zu tun, weil wir glauben, keine Schwäche zeigen zu dürfen.

Um Hilfe können wir nicht nur unsere Mitmenschen bitten, Gott geht auch.

Ein Beispiel:

> Als Sandra Mitte dreißig war, wurde sie krank. Es dauerte einige Zeit, bis ihr klar wurde, wie krank sie war. Doch das wollte sie lange nicht wahrhaben. Bei ei-

nem Krankenhausaufenthalt und der ersten Operation blieb es nicht. Eine weitere Operation wurde notwendig. Sie hatte sich bis dahin schon viele Jahre völlig ohne Medikamente und ärztliche Hilfe gesund erhalten, so dass es für sie sehr schwer war, sich nun der Schulmedizin anzuvertrauen. Gott sei Dank hatte sie Ärzte, die sie auch über den normalen Rahmen hinaus begleiteten. Allerdings gelang es Sandra lange nicht, die wirkliche Ursache für ihre Erkrankung herauszufinden. Und zwar deshalb, weil sie nicht wahrhaben wollte, dass sie unglücklich war. Zutiefst unglücklich.

Am Ende des Jahres wurde sie wieder operiert. Vor der Operation war Sandra nun endlich bereit, die für sie schmerzhaften entscheidenden Fragen zu stellen und zu beantworten:

„Wer ist verantwortlich für meine Gesundheit?“ – „Ich“

„Wofür bist du noch verantwortlich?“ – „Für mein Leben und das Leben meiner Tochter.“

Stille. Kam da noch was? In der Antwort fehlte jemand.

„Was bedeutet das?“ – „Ich kann zur Zeit nur für mich und meine Tochter Verantwortung tragen.“

„Welche Konsequenz hat das zur Folge?“ - „Ich muss mich von meinem Mann trennen.“

Diese Erkenntnis hinterließ zwar eine Klarheit in ihr, wie sie für sich und ihre Genesung sorgen könnte, jedoch gleichermaßen ein bleiernes Gewicht auf sich, mit diesem folgenschweren Schritt für sich selbst und ihre Familie. Sie hatte sich im Laufe ihrer Ehe nach und nach verloren, und die einzige Möglichkeit, sich wieder zu finden, sah sie darin, sich aus ihrer momentanen Lebenssituation zu lösen. Diese Entscheidung war die schwierigste und schmerzhafteste, die sie bislang in ihrem Leben treffen musste. Sie wollte so sehr eine intakte Familie, doch ihr Gesundheitszustand verschlechterte sich immer mehr; sie wusste, dass es allein ihre Aufgabe war, das zu ändern. Die Entscheidung war so klar, wie sie schmerzhaft war. Verzweiflung, Schuldgefühle, völlige Erschöpfung, tiefe Trauer, Resignation, Mutlosigkeit – sie konnte nicht mehr!

Völlig verzweifelt und leer gleichzeitig, ging sie hinaus in den nächtlichen Garten und flehte den Himmeln an: „Gott, ich kann nicht mehr!

Ich gebe alles ab.

Ich bin zu klein und zu schwach, ich gebe mich in deine Hände..."

Ausgebrannt und am Ende legte sie sich in ihr Bett. Sie spürte ihren Atem, ihre Hoffnungslosigkeit und ihre Müdigkeit. Schwere. Stille.

Auf einmal spürte sie eine Kraft um sich. Es war, als höbe sie etwas auf und umhüllte sie. Sandra hatte das Gefühl, als hätten sich riesige Arme wie große Schwingen sanft und warm um sie gelegt.

Wärmend.

Trost spendend.

Haltend und beschützend, besänftigend und gnadenreich.

Sie fühlte, sie lag in Gottes Armen und war sicher. So schlief sie ein.

Am nächsten Morgen erwachte sie und fühlte vorsichtig in sich hinein. Etwas war von ihr genommen. Das Schwere war von ihr genommen. Sie fühlte sich ungewohnt erfrischt und klar. Erstaunt stand sie auf, bewegte sich langsam und bemerkte eine Erleichterung ganz körperlich. Sie war befreit. Nun konnte sie gesund werden und ihr Leben erneuern.

Auf Hilfe vertrauen

Wir bekommen immer die Unterstützung, die wir brauchen. Der erste wichtige Schritt ist, dass wir darum bitten. Und der zweite Schritt ist, Hilfe annehmen zu können. Sende einen Hilferuf gen Himmel, ganz sicher wird er beantwortet. Immer! Wichtig ist es, empfänglich zu sein. Die Augen und die anderen Sinne weit zu öffnen und staunend zu warten, was passiert.

Auch die tiefste Stille kann hier genau die richtige Hilfe sein! Wir Menschen erliegen einem Trugschluss, wenn wir mal wieder in unser persönliches Leid verwickelt sind und glauben, dass wir alles allein klären und allein bewerkstelligen müssen. Wir vergessen, dass wir eingebunden sind in ein großes Gefüge, das sowohl irdische als auch himmlische Ebenen umfasst. Wir sind mit allem, was ist verbunden. Das übersehen wir häufig und verlieren das Vertrauen.

Oftmals steht die Hilfe schon vor der Tür, doch wir sind so gefangen in unseren Gedanken und Problemen, dass wir nicht auf die Idee kommen, die Tür zu öffnen. Wenn wir ihre Hilfe nicht annehmen wollen oder können, nehmen sich unsere Helfer, Helfershelfer. Diese bekommen den Auftrag, uns aus unseren negativen Gefühlen heraus zu locken und uns einen neuen Impuls zu geben.

Und jeder von uns, du auch, ist solch ein Helfershelfer, auch Engel genannt, die anderen bewusst und unbewusst zur Seite stehen können:

Schon immer fühlte ich mich tief berührt von Jesus. Wenn von ihm gesprochen und zu ihm gebetet wurde, hatte ich das Gefühl, dass es mein Herz in Aufruhr versetzte.

Heute Morgen war ich sehr berührt von der christlichen Präsenz hier in meinem Bungalow am Großen Lychensee. Musik von Michael W. Smith hatte mich erfreut. Ich spürte so eine tragende Freude, Glück, ja insgesamt so ein kostbares Lebensgefühl, dass es mich drängte, es mit jemandem zu teilen. Zunächst wusste ich gar nicht, wer gerade der oder die Richtige dafür war, also ließ ich mich durch mein Telefonbuch führen. Ich fand die Nummer einer Freundin und wählte.

Ich wusste, dass ich bei ihr sofort zum Punkt kommen konnte. So erzählte ich ihr: "Ich bin gerade so voller Freude und ich fühle mich so erfüllt und möchte das gern mit dir teilen." Sie freute sich nur zurückhaltend, wenn man das überhaupt so sagen könnte.

Dann frage ich sie: „Wie geht es dir denn?" Sie begann erst zaghaft zu berichten, und dann brach es aus ihr heraus: „Ich brauche eigentlich eine Auszeit, mache mir aber große Sorgen um meinen Sohn, der so verzweifelt ist, dass er daran denkt, sich etwas anzutun. Und um meine Tochter, die in der Klinik ist. Ich weiß gar nicht, wo ich anfangen soll. Dabei brauche ich eigentlich erst mal Zeit für meine Partnerschaft, die auch zu kurz kommt." Sie weinte.

Die himmlischen Helfer sind trickreich und clever. Auf einmal wusste ich, warum ich diese Freundin angerufen hatte. Ich sagte ihr: „Du bist nicht allein, und du musst das alles auch gar nicht allein entscheiden! Erst mal ist es gut, wenn du wieder bei dir selbst ankommst, dich dir selbst näherst. Vorher kannst du dich nicht gut um andere kümmern." Und dann: „ Weißt du eigentlich, dass du nicht allein bist? Weißt du, dass du immer Engel und Himmelshelfer um dich herum hast, die nur auf deinen Auftrag warten, um dich zu unterstützen? Weißt du das?"

Sie sagte: „Ich weiß es, aber ich vertraue nicht darauf, dass sie mir helfen." Ich antwortete: „Der Schlüssel für deine Probleme ist vielleicht genau das: darauf zu vertrauen, dass die Hilfe kommt, die am besten für dich ist. Und diese Hilfe anzunehmen, um zur Ruhe zu kommen. Vielleicht geht es genau darum? Du musst das nicht allein klären oder tragen, sondern solltest dir erlauben, Hilfe anzunehmen. Lade die himmlischen Helfer ein, dir beizustehen und dir zu helfen."

„Hast du Engelkarten?" wollte ich wissen. Sie antwortete: „Ja!" Ich fragte sie: „Wie wäre es, wenn du einfach alle Engelkarten anschaust, die Engel begrüßt, sie um Hilfe bittest und alle Engel im Haus verteilt aufstellst, um dich und deine Familie ganz mit ihnen zu umgeben?" – „Ja" sagte sie, „das fühlst sich gut an, das mache ich."

In den tiefsten dunkelsten Stunden unseres Seins, in verzweifelten Zeiten oder wenn wir uns überfordert fühlen, können wir dennoch sicher sein, dass wir begleitet und geführt werden. Unsere Bitte, unser Auftrag an die himmlischen Heerscharen, an die göttliche Präsenz oder an das große Mysterium ist das Einzige, was wir aussprechen oder denken müssen, damit uns sofortige Hilfe zuteilwird. Hilfe anzunehmen, verstärkt das Netz der Gemeinschaft, verstärkt das Miteinander.

Und Hilfe anzunehmen ehrt die, die helfen wollen. Helfen wollen wir fast alle. Zu helfen ist für uns einfacher als Hilfe anzunehmen, doch diese Haltung kann sich zu einem ausgewachsenen Helfersyndrom entwickeln – vielleicht ein Hinweis auf unsere eigene Hilfsbedürftigkeit?!

Gleichgewicht

Das Universum gibt alles zurück, was jemals gegeben oder empfangen wurde. Wir können darauf vertrauen, dass, wenn wir jemandem geholfen haben und er es nicht „wieder gut machen“ kann, trotzdem alles schlussendlich immer durch das Universum ausgeglichen wird. Unsere Erwartungshaltung „gebe ich dir dies, dann gibst du mir das“ können wir umwandeln in ein bedingungsloses Geben und Empfangen. Da wir alle miteinander sind, wird alles, was ich jemals gebe, immer auch das sein, was ich empfange.

Tatsächlich können wir immer und stets davon ausgehen, dass das Geben genau das ist, was ich bekomme.

Wenn ich gebe, empfange ich. Lasst uns geben, uns hingeben an das Leben!

Wenn wir auf diese Gesetzmäßigkeit vertrauen, können wir leicht reichlich geben und nehmen, denn alles ist im Überfluss vorhanden und im Universum enthalten. Wenn ich gebe, gebe ich immer aus mir etwas! Wenn wir uns der Liebe und dem Mitgefühl hingeben, werden wir ebenso von Liebe und Mitgefühl reichlich geschenkt bekommen.

Teil 2: Ja! zu dir selbst

In Kontakt kommen mit deinen Gefühlen

Über die Erfahrung des positiven Denkens

In den 80er-Jahren boomte das Schlagwort „Positiv denken“. In vielen Selbsthilfebüchern, Seminaren und Unternehmensphilosophien wurde es eingeführt. Ja, es wurden ganze Seminarkonzepte (um)-geschrieben und Mitarbeiter verschiedener großer Unternehmen auf diesen neuen Begriff eingeschworen – was immer dieser nun bedeuten sollte.

Auch ich habe in verschiedenen Führungsseminaren und in meiner Ausbildung zur Konzerntrainerin intensiven Kontakt mit der Bedeutung von positivem Denken bekommen. Ich gehörte zu jenen, die auch wirklich konsequent nach dieser neuen Idee lebten. Schon zuvor wurde ich oft als „Sonnenschein“ gesehen, weil ich immer so positiv dachte und das auch ausstrahlte. Nun hatte ich noch ein Konzept an die „Hand bekommen“, das meine Art bestätigte und konnte dies bestens in all meinen Seminaren und Schulungen einsetzen.

Destruktiv sein war “out“, sich schlecht fühlen war „out“. Diese Ausschließlichkeit verbot es, Gefühle zu erlauben, und verursachte dabei das Nichtgefühlte ins Unterbewusstsein zu verbannen. Wenn wir es zuvor noch nicht konnten, lernten wir hier zu verdrängen.

Ich erinnere mich gut an einige Kollegen, die immer in Partylaune waren und jede Herausforderung mit großem Spaß und teilweise Irrwitz annahmen. Später bekam ich mit, dass ihre Nasenschleimhäute stark angegriffen waren und immerzu ein eigenartiges Nase-ziehen zu hören war.

Dass einige Menschen in dieser Zeit aufgrund dessen an seelischen Erkrankungen bis hin zu depressiven Verstimmungen litten, wurde gerne und rasch ignoriert. Diese Menschen waren nicht mehr in Kontakt mit ihren Emotionen, zum Beispiel mit ihren Ängsten. Mit der „Positiv-Denken-Maske" hatten sie es sich selbst verwehrt, sich traurig, missmutig, ängstlich oder ratlos zu fühlen. Nach außen hin zwangen sie sich souverän zu wirken und innerlich fühlten sie sich abgeschnitten von sich selbst, trostlos und resigniert. Kennst du das? Vielleicht ging es dir auch schon einmal so oder geht es dir noch? Auch heute noch gibt es viele Menschen, die sich nicht erlauben, zu fühlen.

Positiv zu denken hat zwar seine guten Seiten, doch wenn wir unsere anderen Emotionen verleugnen, wird es kontraproduktiv sein. Es lässt sich nicht alles auf der Verstandesebene und im Kopf lösen. Wir haben unsere Gefühlswelt, die gleichermaßen angenommen und integriert sein will. Emotional im Gleichgewicht zu sein, gibt uns im Alltag eine große Stabilität und gleichzeitig Flexibilität, mit den Anforderungen leicht umgehen zu können. Wie explodierendes Dynamit kann uns sonst eine nicht gefühlte Emotion, mit nur einem kleinen Auslöser versehen, um die Ohren fliegen.

Wenn positives Denken dazu führt, dass alles, was wir als negativ empfinden, ausgegrenzt wird, kann das bedeuten, dass wir unsere aktuellen Gefühle immer noch nicht wahrnehmen und unsere Vitalität, sprich Lebenskraft, weiter an das Vergangene binden. Das führt dazu, dass wir – nur wegen einer Bewertung- einen kraftvollen Teil in uns an die Kette legen. Wenn wir hingegen unsere nicht zugelassenen Gefühle befreien und an die Luft holen, können wir uns viel leichter von emotionalen Verhaltensweisen lösen.

Wenn wir ein Gefühl, das in uns aufsteigt, verdrängen, wird es sich stattdessen in verschlüsselter Form bemerkbar machen. So kann das Gefühl des " Verlassen-Seins" sich zum Beispiel als Gereiztheit äußern. Eine Gereiztheit, die beispielsweise daher rührt, dass wir den Schreibtisch noch immer nicht aufgeräumt haben, kann gelöst werden, indem wir einfach genau das tun. Stammt die Gereiztheit aber aus einem verdrängten Gefühl, hilft es nicht, den Schreibtisch aufzuräumen, und noch viel weniger, einfach positiv zu denken. Um der wirklichen Ursache unseres Gemütszustands auf die Spur zu kommen, müssen wir die Tür öffnen und die wahre Emotion einladen, sich zu zeigen.

Annehmen von seelischen Schmerzen

Vor einigen Jahren erlebte ich eine heftige Krise.

Eines Morgens erwachte ich und fühlte mich ganz leer. Ich fragte mich, warum ich überhaupt aufstehen sollte – mein Schmerz war so groß, dass er alles andere überschattete. Sogar meine Beziehung zu meinem damaligen Partner endete, weil ich ihm wegen meines Schmerzes nicht mehr als Freundin zu Verfügung stehen konnte.

„Gibt es einen Grund aufzustehen?"

Diese Frage stellte ich mir für eine Weile jeden Morgen. Manchmal kam einfach keine Antwort auf diese Fragen. „Aha", dachte ich dann, "kein nennenswerter Grund aufzustehen." Dann, an anderen Tagen variierten meine Antworten darauf. Ich ging der Frage immer weiter auf den Grund. Der innere Dialog erfolgte ungefähr so:

„Warum stehe ich jetzt auf?" – „Aus Gewohnheit."

„Und warum noch?" – „Aus Pflichtgefühl."

„Wem oder was bin ich verpflichtet?" – „Meinem Job, meinem Leben im Allgemeinen."

„Bin ich, um meiner selbst willen Grund genug aufzustehen?“ – „Nicht wirklich, ob ich nun da bin oder nicht, die Welt wird sich weiter drehen und wenn ich meine Ideen nicht einbringe, wird es jemand anderes tun.“

„Warum will ich also aufstehen?“ – „Ich habe eine Lebensaufgabe.“

„Na und? Die wird im Großen und Ganzen so oder so erfüllt werden. Vielleicht ist es am Ende egal, ob ich da bin oder nicht.“

\-\-\-

„Warum will ich heute Morgen aufstehen?“ – „Naja, wenn es egal ist, ob ich aufstehe oder nicht, dann kann ich auch aufstehen.“

„Also, warum will ich aufstehen?“

Jeden Tag aufs Neue stellte ich mir diese Frage und kam jedes Mal ein Stück weiter. Und eines Tages, nach all der Suche nach dem Grund, tauchte in mir sanft und still und klar die Antwort auf.

„Ich stehe auf, WEIL ICH LUST DAZU HABE.“

Tief in mir entdeckte ich, dass es keinen Grund gab aufzustehen, außer einfach den, dass ich Lust dazu hatte. Ich hatte, unabhängig von allen erfüllenden oder nicht erfüllenden Bindungen, Beziehungen und Aufgaben in mir die Lust am Leben entdeckt. Eine Lust am Leben, die nicht an Bedingungen geknüpft war. Seitdem ist sie deutlich spürbarer, die innere Kraft, der innere Kraftimpuls, der meine Lebendigkeit ausdrückt.

Die Bereitschaft, sich selbst zu ergründen, seine Motive und Abhängigkeiten zu untersuchen, ist eine große Herausforderung. Doch oft erwächst aus solch verzweifelten Gefühlen neue Hoffnung und Zuversicht. Auf einmal, ohne äußeren nennenswerten Grund, ist die Seele beflügelt – als hätte man in sich selbst die klarste und erfrischendste Quelle mit dem köstlichsten Wasser gefunden.

Mit sich selbst ein Zwiegespräch zu führen, das die eigenen Beweggründe aufzudecken hilft, erfordert zumindest Neugier, wenn nicht gar Mut.

Natürlich werden wir Menschen aufgrund unserer Vielseitigkeit und den vorhandenen Unterschieden bei einer solchen Selbstreflexion auf ganz unterschiedliche Reisen gehen. Dabei ist es durchaus möglich, dass wir auf den Urgrund unserer Seele schauen.

Ja! zu den Tiefen und Abgründen unseres Seelenschmerzes zu sagen, zeigt eine Bereitschaft für die wirkliche Auseinandersetzung mit sich und dem eigenen Dasein, dem eigenen Leben.

Schattengestalten, die wir im Verborgenen gehalten haben, dürfen sich nun zeigen und verlieren dadurch augenblicklich ihre dämonische Macht. Wenn wir sie einladen, sich zu zeigen, geht es unseren düster anmutenden Anteilen wie dem Vampir, der im Sonnenlicht zu Staub zerfällt. Eine zuvor aus den Augenwinkeln als böses Schattentier wahrgenommen Gestalt entpuppt sich bei näherem Hinsehen als ein eingeschüchtertes, verirrtes Gefühl, das nur wieder nach Hause möchte. Integriert.

Alle Fragen und Antworten sind in uns, es ist eine Frage der Übung und Bereitschaft in einen offenen und fruchtbaren Dialog treten zu können. Lass dich ermuntern, dir selbst auf den Grund zu kommen. Gib dir Aufmerksamkeit dafür immer noch vertrauter mit dir zu werden und in dir selbst anzukommen. Das ist kein Prozess, der irgendwann abgeschlossen ist – es ist ein Weg, auf dem du dich selbst mit deinen Entwicklungen und Entfaltungen begleitest und dieses so im Leben sein als bewegenden, beweglichen, dynamischen Lebensprozess ahnst. Wisse nie, wohin es geht, sei jedoch neugierig und offen zu staunen, welche Wunder in dir schlummern.

Trennungsschmerz, Angst oder die Sorge um einen Menschen, der lebensbedrohlich erkrankt ist, sind Kräfte, die uns antreiben, etwas zu tun. Dieser Antrieb bringt uns oftmals dazu, unser Leben zu verändern, es zu überdenken und verschafft uns auf diese Weise regelrechte Entwicklungsschübe. In jedem Schmerz, in jeder Angst und in jeder Trauer liegt auch etwas Gutes, das uns vorantreibt, so dass wir uns entwickeln, entfalten und verwandeln können. In allem, in jeder Erfahrung gibt es einen Wert zu bergen. Jeder Schmerz, so tief er auch sein mag, ermöglicht es uns, eine Vitalität frei zu setzen und zu mobilisieren, die aus diesen besonderen Gefühlen erwächst. Diese Kraft und dieser innere Antrieb machen es uns möglich, Anstrengungen auf uns zu nehmen, die im Nachhinein mühevoll erscheinen. Doch in dem jeweiligen Moment bringen sie uns einfach dazu, das zu tun, was getan werden muss. Nicht mehr und nicht weniger.

Ein Junge, der in meine Praxis kam, war bereits als 13-Jähriger durch seine Gewalttätigkeit aufgefallen und strahlte auch aus, immer kampfbereit zu sein.

Ich ließ ihn in einer Sitzung die Ärmel hochkrempeln und sich vor mir in Kampfhaltung aufbauen und fragte ihn dann: „Mit wem willst du denn am liebsten kämpfen, auf wen bist du denn so wütend?"

Der Junge suchte nach der Antwort, blickte orientierungslos und suchend im Raum herum, er stöhnte schwer und suchte plötzlich meinen Blick. Sein suchender Gesichtsausdruck verwandelte sich in Entsetzen, denn er fand seine Antwort auf die Frage. Sie traf ihn selbst wie ein Schlag: Es ging um seinen Vater.

Der war fünf Jahre zuvor im Beisein seiner Frau und seiner drei Kinder im Hausflur tot umgefallen. Sein Sohn war voller hilfloser Wut darüber, dass sein Vater ihn verlassen hatte. Die Worte brachen sich Bahn, sie begannen zu fließen und unter der oberflächlichen Wut wurde die tiefe Trauer sichtbar, die den Jungen gefangen hielt. Trauer hatte er bisher nicht zugelassen, er nahm an, dass er als der Älteste stark sein müsste, um seinen Geschwistern und auch der Mutter Halt zu geben. Der von ihm vermutete Halt äußerte sich in Aggression und Gewaltbereitschaft – als müsste er für seine Familie in einen vermeintlichen Krieg ziehen.

Nun endlich erlaubte sich dieser Junge zu trauern. Er weinte bitterlich über seinen Verlust, auch wenn ihm das zunächst hochnotpeinlich war, doch die Wucht der Tränenflut brach sich Bahnen. Mit der Erlaubnis, für sich selbst zu trauern- nach fünf Jahren, in denen er nur Zorn und Wut gefühlt hatte, ging er nach Hause.

Er ging heim und gab in Form eines kleinen Altars seinem Vater wieder einen Platz in seinem Leben.

Die Kampfeslust ist seitdem von ihm gewichen und hat einer neuen Souveränität Platz gemacht. Mit ihm hat sich die komplette Familie dem Verlust und der Trauer gestellt.

Darf die Trauer sein, erwachsen Kraft und Liebe. Ich erlebe und erfahre das Trauern als große emotionale Kraft, die, wenn sie angenommen wird, dem tiefen Glück und der Freude sehr nahe kommt.

Wenn du Sehnsucht spürst, Bedürftigkeit fühlst, dann liebe dich mit diesem Gefühl. Nimm dich mit deinen Zweifeln an, sag Ja! zu deiner Selbstbewertung, zu deinen Urteilen. Sag Ja! zu jedem Gefühl! Wenn du bereit bist, deinem tiefsten Schmerz und deiner tiefsten Angst zu begegnen, dann ist es sicher, dass du einen großen Schatz entdecken wirst. Einen Schatz, der dein ganzes Leben, deine

Einstellung und dein Lebensgefühl verwandeln kann. Diser Schatz birgt die Kraft und Chance, alle deine bisherigen Lebensanschauungen und Werteempfinden zu entwickeln.

Übung 5: Umgang mit Emotionen

Gehe deinen Gefühlen auf den Grund. Frag dich „Was fühle ich? Woher kenne ich das Gefühl? An was oder wen erinnert es mich?“ Lass die inneren Bilder und Gefühle in dir auftauchen und aufsteigen und wenn möglich, nimm sie einfach so an, wie sie kommen.

Eine kinesiologische Korrektur unterstützt diesen Prozess. Sie stammt aus dem Three in One Concept-Kurs „Tools of the Trade“ und heißt „Ich fühle/ich bin“*. Ich habe sie als überaus wirkungsvolle und sehr effektive Stresslösetechnik kennen gelernt; bei mir und bei meinen Klienten. Bei ihr werden die Stirn und der Hinterkopf gehalten bei zeitgleich erfolgenden bestimmten Augenbewegungen und laut ausgesprochenen Sätzen. Dies ist eine sogenannte Korrektur im kinesiologischen Kontext.

Schritt 1:

Stelle dich hin und halte dir mit einer flachen Hand die Stirn, sodass die Stirnbeinhöcker (auch als positive Punkte bekannt) durch deine Hand berührt werden. Die andere Hand legst du auf die Wölbung deines Hinterkopfes.

Wenn die Stirn berührt wird - so können wir stark vereinfacht sagen -, wird durch die Wärme unserer Hand die Aufmerksamkeit auf einen Bereich unseres Gehirns gelenkt, der für das bewusste assoziative Denken steht. In der einen Gehirnhälfte findet logisch-analytisches Denken statt, während auf der andern Seite das kreativ-musische Denken erfolgt. Durch die warme Berührung, lenken wir Aktivität aus dem hinteren Schläfenlappen und gleichzeitig aus den stressbeladenen Emotionen nach vorne, wo das bewusste Denken stattfindet. Wenn wir den Hinterkopfbereich halten, lenken wir durch die Wärme unserer Hand Energie in das visuelle Zentrum. So gelangt die Energie aus der Emotion heraus in einen Bereich, von dem aus wir klarer sehen.

Das Stirn- und Hinterkopf halten hat überdies eine beruhigende Wirkung. Bei uns selbst und bei unseren Lieben, zum Beispiel Kindern, Partnern, der Freunden etc.

Schritt 2a:

Nun sprichst du den Satz beginnend mit „Ich fühle..." laut aus. Zum Beispiel „ich fühle mich verlassen!" oder „Ich fühle mich ängstlich!" Erlaube dir das, was du sagst, wirklich zu fühlen. Atme tief. Wiederhole den Satz und die tiefe Atmung, während du nacheinander folgende Blickrichtungen einnimmst:

**Vgl. Stokes, Gordon/Whiteside, Daniel: Tools of the Trade. Kirchzarten 2001.* (Workshop Skript)

Schritt 2 b:

Deinen Kopf hältst du still. Beginne deine Augen eine liegende Acht malen zu lassen.

Dabei beginnst du in der Mitte und malst mit der Blickrichtung von dort nach oben rechts die erste Hälfte, dann geht dein Blick nach unten und wieder zurück in die Mitte. Von dort nach links oben einen Kreis ziehen und dann nach unten, um anschließend wieder in der Mitte anzukommen.

Dann visualisiere neun Punkte:

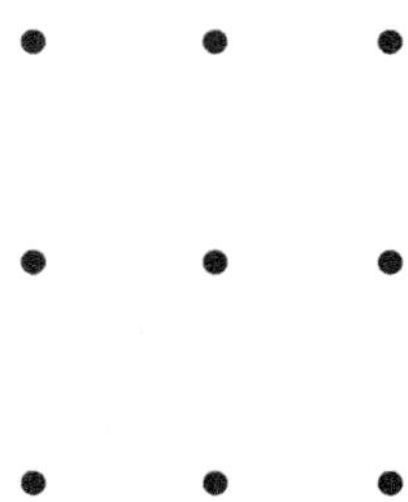

Und wandere sie mit deinen Augen ab: von der Mitte nach oben und dann weiter im Uhrzeigersinn.

Lasse deine Augen kreisen und achte dabei darauf, dass du sie weit dehnst. Anschließend rolle sie zurück – gegen den Uhrzeigersinn. Wenn du wieder in der Mitte angekommen bist, atme tief durch die Nase ein, löse deine Hände vom Kopf und atme durch den Mund aus. Jetzt hast du bestenfalls umfassend dein Gefühl integriert, anerkannt und angenommen.

Schritt 3:

Im nächsten Schritt kannst du nun bewusst in den gewünschten Geisteszustand gelangen. Stelle hierfür dem „Ich fühle..." ein „Ich bin ..." gegenüber, das genau das ausdrückt, was du sein willst, im Zusammenhang zu dem vorgenannten nun integrierten Gefühl.

Achte darauf, dass du eine eindeutig positive Formulierung wählst, denn unser Unterbewusstsein kann kein Nein verwerten. Deshalb wirken Formulierungen wie „Ich bin nicht mehr ängstlich" nicht. Was bei deinem Unterbewusstsein ankommt, ist nur: „ Ich bin ... ängstlich" Hier ist es von entscheidender Bedeutung, dass du stattdessen beispielsweise sagst: „ Ich bin sicher", oder „Ich bin vertrauensvoll".

Diesen Satz sprichst du nun laut aus und wiederholst ihn, während du gleichzeitig Stirn und Hinterkopf, wie zuvor beschrieben, hältst und mit den Augen eine liegende Acht malst, usw.

Bedürfnisse erspüren

Nach einem ungeplant überlangen Seminartag, dessen Leitung Ute oblag, hatte sie sich völlig verausgabt. Sie lag später gänzlich erschöpft auf ihrem Bett und spürte, dass sie dringend aufspüren musste, was sie außer dem erholsamen Nachtschlaf noch für ihre gute Selbstregulierung tun konnte. Sie fühlte ihr inneres Kräfteuhrwerk überdreht und überspannt und befürchtete, dass sie keinen erholsamen Schlaf finden würde.

Sie begann ein inneres Gespräch:

„Was fühle ich?" – „Eine übermäßige Erschöpfung".

„Was kann mich unterstützen, mich zu erholen?" – „Halt".

„Ich möchte gehalten werden. Ich möchte von meinem geliebten Partner gehalten werden".

Der Halt, den wir von unserem Partner bekommen können, kann uns in tiefe erholsame Entspannung führen. Ganz und gar körperlich sind wir es aus der frühesten Zeit unseres Anbeginns im Leben gewohnt, dass wir darin Halt, Geborgenheit und Stille empfinden und uns dadurch regenerieren können.

Sich zu erlauben sich in Gedanken und selbstverständlich auch ganz echt von verschiedenen Personen beziehungsweise Qualitäten halten zu lassen, öffnet uns hin zu einer Versorgungsebene, die manche von uns nicht sofort kennen gelernt haben. Wir können uns von Vater, Mutter, Gott, Engeln, Partnern, Geliebten, Freunden halten lassen. Sollten diese Menschen gerade nicht zugegen sein, können wir visualisieren, dass wir von ihnen gehalten werden.

> Ute lud die Energie des geliebten Partners ein sich an ihren Rücken zu legen, sie zu halten. So erlaubte sie dem Gefühl, geliebt, geerdet und geborgen zu sein, aufzutauchen und sie zu durchfluten. Danach konnte sie tief und erholsam schlafen.

All diese Qualitäten sind in uns und können mobilisiert werden. Auch du kannst sie wie innere Quellen entdecken, sie anzapfen und dich an ihnen nähren, dich versorgen mit dem, was du jetzt gerade brauchst. So gelangst du von außen nach innen und öffnest dich für die Antworten, die in dir liegen. Die Quellen, die du anzapfst, eröffnen dir Aspekte, wie auch die Begegnung mit anderen Menschen, die dich bereichern und beleben und dich dabei unterstützen, immer noch besser mit dir im Leben zu sein. Dabei wirst du dich vielleicht wundern, wie genau du weißt, was dir guttut!

Wenn du dich also bereit erklärst, dich mit deinen eigenen Gefühlen zu befassen, dann brauchst du sie nicht mehr aufzufordern, sich zu zeigen. Es ist absolut ausreichend, sie anzunehmen, wenn sie sich bemerkbar machen. Und das geschieht meist im täglichen Leben. Im Tun. Im Sein. Im Alltag.

Stelle dir vor, ein Gespräch mit jemandem hinterlässt ein ungutes Gefühl bei dir. Nun ist der Moment gekommen in den Dialog mit dir selbst einzutreten und diese unangenehmen Gefühle ganz auftauchen zu lassen. Sprich mit ihnen: „Ja! bitte, zeig dich, ich möchte dich kennen lernen. Was kannst du mir sagen?“ Die Antworten können lauten: „Ich fühle mich übergangen. Ich fühle mich überhört. Ich fühle mich übersehen“ oder „Ich fühle mich ängstlich.“ Was es auch ist, bleib bei dir und erlaube dir, dies zu fühlen.

Mehr nicht.

Fühle.

Es ist nicht erforderlich dieses Gefühl zu pflegen und weiter zu etablieren, sondern nur anzunehmen. Und beobachte, was passiert.

Das Ja! wirkt auch hier wie ein Zauber, du wirst es erfahren! Die Anerkennung des Gefühls setzt sofort den Wandel in Bewegung. Wenn dir das gelingt, ersparst du dir viel Zeit und Mühe bei der Analyse. Ein simples Ja! auszusprechen, kann dich augenblicklich in dein Gleichgewicht bringen.

Übung 6: Dialog mit sich selbst

Um mit sich selbst in einen einfühlsamen inneren Dialog zu treten, ist es hilfreich, zur Ruhe zu kommen. Suche dir einen ruhigen Platz, an dem du allein sein kannst. Bringe dich durch einige tiefe Atemzüge ganz in Kontakt mit deinem Körper, komme in dir an. Fühle, wie du liegst oder sitzt oder stehst, mit welchen Körperteilen du in Kontakt mit Boden oder Sitz oder Liege bist und spüre dich im Kontakt mit der Unterstützung. So komme ganz in dir und deinem Körper an.

Dann erforsche dein Fühlen. Was fühlst du in deinem Herzen? Zum Beispiel: Leere, Beklemmung, Dankbarkeit, Freude, Begeisterung, Stille... vielleicht verlassen, übersehen, getrennt?

Probiere es, dein Gefühl in deinem Körper zu verorten. Wo fühlst du es? Lege deine Hände auf diese Körperstelle und schenke dem Gefühl und dem Körperteil so deine Aufmerksamkeit, verstärkt durch die Wärme deiner Hände.

Wenn du weiter forschen magst, frage dich: „Woher kenne ich das ... Gefühl? Woran erinnert es mich?“

Beginnen wir mit solch einer Selbstreflexion, steigen bald Bilder oder Erinnerungen in uns auf, die mit der Situation aus früheren Tagen zu tun haben, in der wir ähnlich gefühlt haben. So schulen wir unser Bewusstsein und integrieren Teile von uns. Auch hier gilt es nur Ja! zu sagen: „Ja, du Gefühl gehörst zu mir.“

Über die Erinnerung an frühere Erlebnisse, in denen wir Unangenehmes gefühlt, jedoch dann verdrängt haben, hinaus, gibt es eine weitere hilfreiche Frage für die Selbsterkenntnis und die Ausdehnung des Bewusstseins über sich selbst:

„Wann behandele ich mich selbst so?“ (wenn ich mich verlassen fühle oder übersehen.)

„Wann übersehe ich mich?“ Wie gehe ich selbst so oder so mit mir um? Wie behandele ich mich nebensächlich?

Sollte also die Bereitschaft bestehen, wirklich bei uns selbst zu forschen und nachzuschauen, kommen wir an einen bedeutungsvollen und entscheidenden Punkt. Hier ist nämlich der Schalter, den wir selbst bei uns betätigen können und hier liegt die Verantwortung, die jeder für sich selbst übernehmen kann, um in das Bewusstsein zurück zu gelangen, wählen zu können.

Wählen zu können, wie ich im Leben bin und wie ich mit den Gegebenheiten umgehen will!

Meine Wahl, die Beziehung, die Situation, die Partnerschaft, die Freundschaft, die Arbeit konstruktiv und kreativ mit gestalten zu können, gibt mir mein Aufgerichtet-Sein und meine Würde zurück.

Diese kleine Frage also, führt zu Selbstreflexion, stärkerem Bewusstsein und Integration.

„Was fühle ich?“

Übersiehst du deine Gefühle und gehst ihnen nicht nach, zeigt sich das in deiner Haltung. Diese Haltung strahlst du aus und diese Ausstrahlung wird von den anderen wahrgenommen. Das könnte deine unbewusste und damit unwissentlich ausgesendete Einladung an deine Mitmenschen sein, dich auch zu übersehen. Wenn du also achtsam und liebevoll zu dir sein kannst, bei allem, was dein Leben ausmacht, wirst du Menschen anziehen, die auch achtsam und liebevoll mit dir umgehen wollen.

Durch das Anerkennen dessen, was ist, kannst du deine Glaubensmuster aufdecken. Dies sind deine Überzeugungen darüber, wie das Leben funktioniert. Du kannst sie erkennen, identifizieren und – loslassen. Oder am besten noch ersetzen gegen ein Glaubenssystem, welches dich bestärkt, befördert und dich bestmöglich unterstützt. Umprogrammieren können wir nicht nur Computer sondern auch uns selbst. „So nicht länger, sondern so: Ich bin es wert, geliebt zu werden!"

So kannst du nach und nach wahrlich die Macht über dein Leben erlangen. Du verinnerlichst nun bewusst und selbstbestimmt die Überzeugungen und Glaubenssysteme, die dich wirklich das Leben führen lassen, dass du dir wünschst.

Kontakt mit der inneren Autorität

Auch wenn uns ein „merkwürdiges Gefühl" zum Innehalten anregen will, ist es weise, dem nachzugehen. Solche Augenblicke bergen großes Lösungspotential und den intensiveren Kontakt mit uns selbst und unseren meisterhaften Anlagen. Sobald wir jedoch diese Warnungen in den Wind schlagen, lassen wir eine Chance auf Heilung verstreichen. Hier gilt es, die Hinweise der eigenen Autorität anzunehmen und uns selbst einfach ernst zu nehmen. Diese Instanz in uns wird uns immer mit Zeichen versorgen, seien sie innerer oder äußerer Natur. Ihr Wunsch ist es, das wir mit uns selbst in Verbindung treten. Hier ist unsere Aufmerksamkeit gefragt. Sind wir bereit, diesen Hinweisen unserer inneren Autorität Aufmerksamkeit zu schenken und innezuhalten, um mehr über uns selbst zu erfahren?

Sind wir bereit und willens anzuerkennen, dass diese innere Autorität existiert? Erlauben wir ihr Raum in uns zu nehmen?

Diese Autorität entspricht einer Weisheit, die einzigartig ist und einzig auf uns bezogen ist, auf unser hier Sein, so Sein, da Sein und enthält alle Informationen, die mit unserem Leben und Sein zusammenhängen. Es ist sicherlich von großem Vorteil mit dieser Instanz in bester Verbindung zu sein.

Du hast die Wahl

„Es ist eben so, ich kann es nicht ändern. Ich habe keine Wahl.“ Das Gefühl, in bestimmten Lebenssituationen keine Wahl zu haben, kennen wir alle. Manchmal vergessen wir einfach, dass wir immer verschiedene Möglichkeiten haben!

Doch immer dann, wenn wir bewusst Veränderungen in unserem Leben vorgenommen und uns aus einer eingefahrenen Lebensweise befreit haben, kommt das Bewusstsein, selbst entscheiden zu können wieder in greifbare Nähe.

Bereits als Kinder und Babys erleben wir Umstände, die uns lehren, dass wir nicht allein entscheiden können. Wir erfahren schon bald, dass wir von anderen abhängig sind. Immerhin sind wir Menschen eine der wenigen Spezies, die ohne Hilfe direkt nach der Geburt nicht überleben könnten. Das dauert auch noch eine Weile und so lernen wir sehr bald, dass wir angewiesen sind auf Zuwendung, Nahrung etc.

Womöglich erleben wir, dass auf unsere Bedürfnisse nicht so schnell reagiert wird, wie wir es unserem Empfinden nach brauchen. Dies verursacht unmittelbar Stressgefühle in uns. Wenn dann bald das Bedürfnis gestillt wird, beruhigen wir uns und der Stress, der vorher noch spürbar war, wird durch die Bedürfniserfüllung gelöst. Passiert dies nicht, kann das Gefühl entstehen, keine Wahl zu haben.

Das Gefühl keine Wahl zu haben, kann dazu führen, dass wir lernen zu glauben, dass wir nicht wählen können und damit wird das Glaubensmuster "Ich kann es ja eh nicht ändern" begründet.

Ein Beispiel: Wenn ein Kind mit seinem Papa kuscheln möchte, begibt es sich zu ihm und sucht seine körperliche Nähe. Es berührt ihn, zieht sich an seinen Hosenbeinen hoch und signalisiert durch ausgestreckte Arme seinen Wunsch, gehalten zu werden, dem geliebten Papa nah zu sein. Eines unserer Grundbedürfnisse ist körperliche Nähe. Durch die Körperwärme des anderen Menschen werden unsere Nervenzellen und Rezeptoren stimuliert, die uns, kurz gesagt, ein Wohlgefühl vermitteln und unserem Grundbedürfnis nach körperlichem Kontakt nachkommt. Wir fühlen uns geliebt und geborgen. Wenn das Kind nun vom Papa nicht hochgenommen und nicht beachtet wird, wird das Bedürfnis nach Nähe nicht befriedigt. Stressgefühle entstehen. Die Botschaft dieses Stressgefühls lautet: „Ich werde nicht genommen" vielleicht sogar „Ich fühle mich unannehmbar" *Achtung! Das Gefühl ist ohne Worte, diese Worte hier sollen nur das Gefühl beschreiben.*

Und daraus kann das Gefühl entstehen: „Ich fühle keine Wahl." Die Gewissheit des Kindes, dass das, was es sich wünscht, auch erfüllt werden kann, bleibt aus.

Kommt nun kurz danach der Papa den ausgestreckten Ärmchen seines Sprösslings entgegen und nimmt sein Kind auf, umarmt, trägt, streichelt und liebkost es, kann wahrscheinlich der zuvor gefühlte Stress wieder vollständig abgebaut werden.

Das Gefühl, geliebt zu werden und selbst bestimmen zu können, breitet sich aus.

Begebenheiten, die uns Stressgefühle bereiten, gibt es in unserer Kindheit zahlreiche. Wie gesagt: Oft kann der Stress durch darauf folgende ausgleichende Erlebnisse gleich wieder gelöst werden, so dass wir in das Bewusstsein zurückgelangen, eine Wahl zu haben.

Andere Stressoren werden nicht sofort wieder gelöst, das heißt, wir erleben stressbeladene Situationen, wie zum Beispiel nicht gestillt zu werden, wenn wir Hunger fühlen. Die Qual ist groß und wir lernen: „Ich habe keine Wahl!" Wenn wir lernen beziehungsweise gelernt haben, dass wir nicht wählen können, werden wir glauben, nichts mitbestimmen zu können, nichts für uns beanspruchen zu können, werden wir resigniert mit ansehen, wie andere für uns Entscheidungen treffen, aus der tiefen Überzeugung heraus, dass wir selbst nicht wählen zu können. Vielleicht wird das Gefühl begleitet dadurch, dass wir uns nicht so wertvoll fühlen und somit auch nicht beanspruchen können selbst zu wählen. Oft erwächst aus dieser Erfahrung ein ungesundes Anpassungsverhalten, welches nach und nach dazu führt, dass wir den Kontakt zu uns und das Wissen um unsere Bedürfnisse verlieren oder vergessen. Was auch geschehen kann, ist, dass nur in bestimmten Bereichen, z.B. nur in Kontakt mit der Mutter das Selbstbewusstsein schwächer wird und wir uns als Erwachsene in Gegenwart der Mutter in kleine Kinder verwandeln, die abhängig auf ihre Gunst warten. Es kann also durchaus sein, dass wir grundsätzlich selbstbewusste, selbst bestimmte Menschen sind und nur in ganz bestimmten Zusammenhängen aus den erwachsenen

Schuhen fallen und uns zurück verwandeln in das abhängige, unterversorgte Kind oder das, was immer noch darauf wartet, endlich als die oder der gesehen zu werden, der oder die sie ist.

Wir wachsen auf, werden größer und unsere Erfahrungswelt wird durch das bestimmt, was wir zuvor erlebt haben und was sich uns aufgrund des Stresses, den wir erfahren haben, eingeprägt hat. Was wir erleben und wie wir erleben, hat mit dem zu tun, wie wir darauf blicken. Und unser Blick, unsere Betrachtung gründet sich aus der vorher gemachten Erfahrung. Aufgrund des Gefühls keine Wahl zu haben, richten wir unsere Wahrnehmung auf „diese Wahrheit" aus. Unser Glaube, nichts ändern zu können, sorgt dafür, dass wir mit dem Filter „Ich habe keine Wahl" durch unser Leben gehen und Erfahrungen anziehen, die diese Überzeugung bestätigen.

Schon zu Beginn der Pubertät fühlen wir uns dann Gleichaltrigen gegenüber nicht ebenbürtig, weil wir, nichts selbst bestimmen zu können glauben, uns bekümmert und gleichzeitig schuldig an allem, was so passiert fühlen. Ein nicht einzuordnendes schlechtes Gewissen überkommt und verunsichert uns darüber hinaus. Wenn wir Pech haben, werden weder das schlechte Gewissen noch Kummer, noch Schuldgefühle gelöst. Das verhindert, dass wir uns ebenbürtig fühlen und uns von den Eltern abgrenzen und abnabeln können. Das schlechte Gewissen bleibt und so geht es weiter...

Viele Jahre später wundern wir uns als Erwachsene, dass es Situationen gibt, die Groll bei uns auslösen, für den eigentlich gar kein Grund besteht. Groll, der uns daran hindert, Interesse für uns selbst und für andere zu entwickeln, Groll, der uns auch erschwert für uns und für andere einzustehen.

Die in früher Kindheit angelegte Überzeugung, keine Wahl zu haben, äußert sich in Sätzen wie diesen:

- Ich bin eben so, ich habe nun mal ein schlechtes Gedächtnis!
- Ich kann es nicht ändern, ich kann mir Namen nicht merken!, oder
- Ich konnte mich noch nie gut konzentrieren! – oder ähnlichen.

Finde heraus, wo du resigniert hast, weil du das Gefühl hast, keine Wahl zu haben! Sonst entsteht aus dem Gefühl, keine Wahl zu haben, ein dich beschränkendes Glaubenssystem.

Durch eine Erinnerungsübung, die bei Three in One Concepts einen Teil der kinesiologischen Sitzung bildet, können wir Bilder in uns auftauchen lassen, die lange verschollen schienen. Hierbei wird sichtbar, wodurch das Gefühl nicht wählen zu können und zum Beispiel nicht geliebt zu sein, entstanden ist, etwa durch eine abweisende Geste des Vaters, die der Klient damals auf sich bezog.

Sobald wir Ja! sagen zu dem Gefühl, keine Wahl zu haben, und es wirklich erlauben, betreten wir emotionales Neuland. Dieses Neuland umfasst „beide Seiten der Medaille", alle Nuancen und Qualitäten unserer Gefühle.

Im Grunde gilt auch hier nur:

Ja! sagen

Ja! meinen

Annehmen, was ist.

„Ich fühle, keine Wahl zu haben!“

Einatmen.

Ausatmen.

Annehmen.

Indem wir anerkennen, dass das die Emotion ist, die uns bewegt, werden alle Kräfte und Energien in uns auf den Plan gerufen. Viele Gaben schlummern in uns und auch sie kommen zum Vorschein. Ganz neue Welten eröffnen sich in uns, Ebenen und Aspekte in uns, die das Leben noch reichhaltiger, facettenreicher und bunter machen.

Ja! ich kann wählen. Immer!

Wer A sagt, kann auch B sagen

Erlauben wir uns, das zu fühlen, so sind wir automatisch mit dem in Kontakt, der oder die wir sein können. Wir haben nur zwischenzeitlich den Blick dafür verloren, weil wir so mit dem emotionalen Zustand zu kämpfen hatten, den wir vermeiden oder verleugnen wollten.

Doch jetzt, da wir Ja! dazu sagen, jetzt, da wir diese Emotionen annehmen, weitet sich der Blick und alles, was zu uns gehört, kann den angemessenen Raum bekommen. Das kann besonders für den ersehnten Gefühls- und Geisteszustand gelten. Werde dir dessen bewusst.

Solange du das Gefühl, keine Wahl zu haben, verleugnest, wirst du die Überzeugung, selbst wählen zu können, auch nicht zulassen. Willst du das eine nicht, kannst du auch das andere nicht haben. Du kannst immer nur beides anerkennen oder beides verleugnen. Vertrau darauf, dass das annehmen all dessen, was ist, leichter ein Gleichgewicht erschaffen kann, als du denkst. Gib das Kämpfen und den Widerstand auf, erkenne deine Gefühle an. Wenn du wirklich fühlst, eroberst du deine Wahl zurück. Sobald du Ja! zum einen sagst, akzeptierst du auch das andere. Wenn du zum Beispiel „Verlustangst" fühlst und dieses Gefühl annimmst, kommt auch das Gegenteil „Sicherheit" mit in deinen Blick und dein Empfinden. Sehr zügig und wie ein Wunder kannst du in dir wahrnehmen wie das

Bewusstsein und das Vermögen wieder wählen zu können, da ist. Willst du Verlustangst fühlen oder in Sicherheit sein?

Du wählst.

Mir hilft es in diesem Zusammenhang zwischen emotionalen Gefühlszuständen und ersehnten Geisteszuständen zu differenzieren.

- „Ich fühle Trennung“ steht „Ich bin eins“ gegenüber
- „Ich fühle keine Wahl zu haben“ steht „Ich habe die Wahl“ gegenüber
- „Ich fühle Verlustangst“ steht „Ich bin in Sicherheit“ gegenüber
- „Ich fühle Widerstand“ steht „Ich nehme (es) an“ gegenüber

Der Begriff „Annahme“ und die übrigen einander gegenübergestellten Begriffe werden in der Arbeit mit dem System „Three in One Concepts“ im Verhaltensbarometer* aufgeführt und dienen dazu, das Gefühlsspektrum zum Thema zu ermitteln.

*„Das Verhaltensbarometer“ der VAK Verlags GmbH Kirchzarten.

Auch wenn es im Deutschen vielleicht hier und da etwas holpert, so ist die Kraft dieser Worte doch sehr groß.

Übung 7: Gegensätzliche Gefühle

Probiere es aus! Fasse das, was du fühlst, in Worte. Zum Beispiel:

„Ja, ich fühle mich zerrissen!“

Fühle es.

Atme.

Atme tief.

Dann erforsche in dir, was diesem Emotionszustand als ersehnter Geisteszustand gegenübersteht. Sprich auch das laut aus: „Ich bin eins.“

Wenn wir unsere emotionalen Zustände als Motivatoren begreifen, ist es viel leichter, sie anzunehmen. So gelangen wir nämlich

- Von dem Gefühl, keine Wahl zu haben zu dem Bewusstsein, eine Wahl zu haben
- Von der Trennung zum Einssein
- Von der Verlustangst zur Sicherheit

- Von der Feindseligkeit zur Begeisterung
- Vom Groll zum Interesse
- Vom Widerstand zur Annahme

Als Folge dessen haben wir nun „Motivatoren“, die konstruktiv und lebensbejahend sind.

Verdrängen - hinschauen - annehmen

Als kleine Kinder legen wir unsere Hände auf die Augen und tun so, als wären wir nicht da. Wir glauben, dass, wenn wir die Augen schließen und verdecken und dadurch nichts mehr sehen, wir selbst auch nicht gesehen werden und daher auch nicht mehr da sind.

Diese Art der Verleugnung kommt auch bei uns Erwachsenen häufig vor. Wir tun so, als wenn etwas nicht da ist, nur weil wir das so wollen. Wir versuchen durch Nichtbeachtung zu erzwingen, dass etwas verschwindet. Der Grund, warum wir das tun, ist immer ein großer, wenn nicht gar unerträglicher Schmerz. Und auch der ist uns nicht mehr bewusst. Wir wissen nichts mehr von unangenehmen Gefühlen oder der verursachenden Situation – so funktioniert Verleugnung. Damit das Unangenehme verschwindet, verschließen wir die Augen davor und tun so, als gäbe es das nicht.

Manchmal ist dieser Mechanismus eine unmittelbare Lebensrettungsmaßnahme oder ein Schutz. Um überhaupt mit etwas Schwerem umzugehen, neigen wir dazu, zum Alltäglichen überzugehen, damit wir funktionieren können und damit wir unterstützen, dass das Leben weiter geht. Darüber vergessen wir dann tatsächlich das Erlebte und tun so, als hätte es das nicht gegeben. Tatsächlich aber verschwindet das Unangenehme nicht, sondern wird „eine Etage“ tiefer gelagert, nämlich in unserem sprichwörtlichen Keller, in dem wir die Leichen verscharren, die wir (noch) nicht beerdigen, sprich verkraften konnten.

Vielleicht ist dieses Verhalten ein nützlicher Schutz in mancher Situation, doch häufig hindert es uns einfach daran, Neues zu erfahren und Neues zu erleben. Für einen Moment bringt uns das Erleichterung und für eine kurze Zeit vielleicht auch die Illusion, dass das, was wir nicht sehen wollen, nicht da ist. Das wird auf Dauer jedoch nicht funktionieren. Jede Art der Verleugnung oder Vermeidung von Dingen führt grundsätzlich zu nichts Lebensrichtigem! Diese im Unterbewusstsein gelagerten Themen verselbstständigen sich mit der Zeit und kommen uns in Träumen oder unbeabsichtigt heftigen Gefühlsausbrüchen in die Quere und hoch.

Immer dann, wenn wir so tun, als wäre etwas nicht da, geben wir dem, was tatsächlich da ist, eine besondere Macht. Eine Macht, mit der sich das, was wir zu leugnen versuchen, selbstständig macht und ein Eigenleben entwickelt. Einfach durch die Energie der Verleugnung, die wir ihm, unserem wunden Punkt, angedeihen lassen, entsteht diese Macht. Sie ist nichts weiter als gebundene Energie. Damit entsteht in uns ein Eigenleben, von dem wir womöglich glauben, es nicht mehr kontrollieren zu können. Vermeidung, Ablehnung, Verdrängung und Verneinung binden Energie, führen zu Blockaden und verhindern, dass unser Leben im Fluss ist. Es ist, als befänden wir uns im Strom des Lebens und hielten uns an einem Grasbüschel oder Zweig am Ufer fest. Auf diese Weise ist es jedoch nicht möglich „im Fluss zu sein“ und uns im Leben fortzubewegen.

Durch den Verdrängungsmechanismus, den wir aktivieren, gelangt das, was wir ausblenden wollen, in unser Unterbewusstsein und treibt dort seine Blüten. Diese zeigen sich in merkwürdigen Träumen, diffusen Unwohlgefühlen, vielleicht sogar in Panikattacken oder Herzrasen. Vielleicht wachen wir nachts auf und wissen, da gibt es etwas worum wir uns kümmern sollten. Dennoch halten uns Ablehnungsstrategien und Angst zurück. Sie sorgen dafür, dass wir es immer wieder weg packen. Das, was wir verdrängen und damit ins Unterbewusstsein verfrachten, nimmt mit der Zeit Gestalt an, wird zu einer Bedrohung, bindet immer mehr Energie – Lebensenergie, die wir eigentlich anderweitig sinnvoller einsetzen könnten. Von selbst wird dann nichts besser, sondern im Gegenteil immer schlimmer.

Lass dich einladen, dich immer wieder selbst zu beobachten und mit dir in Kontakt zu kommen. Spürst du dich? Und dein Lächeln? Über die Mundwinkel hinaus in allen Zellen? Geht es dir wirklich gut? Hast du dir einen guten Ausgleich zwischen aktiven und passiven Lebensphasen geschaffen? Kannst du dich gut selbst regulieren und darf es ausreichend Stille und Ruhephasen geben? Bist du mit dir in Kontakt?

Gibt es einen Kummer, der in dir schwelt?

Sei dir selbst gegenüber achtsam! Hilf dir selbst bei deinen Problemen oder lass dir helfen. Viele wunderbare Menschen sind in deiner Nähe, die das ganz sicher können. Freunde oder professionelle Lebensbegleiter, Coaches oder Therapeuten.

Hinschauen

In dem Buch „Der wunde Punkt“ von Mark Haddon findet der Protagonist George eines morgens beim Duschen an seiner Hüfte eine Hautstelle, die er so vorher nicht gesehen hat, die sich verändert und die ihm augenblicklich Unwohlsein verursacht. Damit er sie nicht sieht, klebt er ein Pflaster darauf.

Dieses Verhalten steht symbolisch dafür, dass er die Fakten, die besser beachtet werden sollten, schlicht weg ausblenden will. Solche Pflaster gibt es viele – wir wollen uns und unsere Geschichte, unsere Gefühle verbergen und schieben die Fakten weit, weit weg. Doch das, was wir hinter diesen Pflastern verbergen, verheimlichen und wegwischen wollen, wird sich auf andere Weise einen Weg in unser Leben suchen.

Ja, viele von uns haben Angst davor, den Tatsachen ins Auge zu blicken, davor, das, was ist, anzuerkennen. Wir haben Angst vor der Angst und Angst vor dem Schmerz. Doch Angst und Schmerz können durch Wegschauen nicht gelöst werden, sondern nur durch Hinschauen.

Es führt zu einer Erleichterung, wenn wir anerkennen, was ist. Es ist für alle Beteiligte eine Erlösung wenn wir hinschauen. In den kinesiologischen Aufstellungen, die ich seit einigen Jahren begleite, stellen wir immer wieder fest, dass, wenn wir hinsehen, oft schon ohne weiteres große Erleichterung entsteht. Hinsehen bedeutet Würde geben, Hinschauen ermöglicht signifikante (Er-)lösung. Allein bereit zu sein hinzusehen, hilft oft, den sprichwörtlichen Kloß im Hals zu lösen. Die Tochter, die sieht, dass die Mutter noch an eine frühere Beziehung gebunden ist, kann durch das Hinschauen verstehen und nach empfinden. Schon beim nächsten Atemzug entwickelt sie ein friedlicheres Gefühl.

(Haddon, Mark: Der wunde Punkt. Köln 2007. (Hörbuch)

Schau hin. Sieh das, was ist.

Das Ansehen dessen, was ist, kann für einen Moment emotional schwierig sein, doch bereits beim nächsten Atemzug spüren wir, dass sich etwas löst, was vorher gebannt war. Solch ein Bann bindet vor allem die eigene Vitalität. Du merkst, dass du dich antriebslos, schwermütig und schlapp fühlst. Der Bann bindet Menschen. Manche sind sehr lange „gebannt“ “, ja förmlich gefangen und können ihr Leben dadurch nicht so gestalten und so ausleben, wie sie eigentlich wollen.

Wenn wir es lange vermieden haben, hinzuschauen wird es immer schwerer werden, sich dem, was ist, zu stellen. Sobald wir jedoch diesen Schritt tun und Ja! dazu sagen, wird ein Wandel erfolgen: es wird leichter. Durch das Hinschauen wird ein Boden für eine neue Freiheit bereitet. Eine Freiheit, die Wandlung begünstigt, zu dem oder der, der oder die wir wirklich sein wollen – und können! Befreie dich in dein bestes Ich!

Das systemische Familienstellen und die Kinesiologie sind zwei von vielen Methoden, die diesen Prozess sanft unterstützen können. Im Jahr 2005 begann ich diese beiden Methoden miteinander zu kombinieren. Fokussiert und ausgerichtet auf das Anliegen des Menschen der die Aufstellung bekommt und in Kontakt mit allen Gewahrseinsebenen: bewusst, unterbewusst und körperlich.

Annehmen

Die Amerikaner sagen in schwierigen Lebenssituationen oft „Deal with it". Übersetzt ins Deutsche heißt das etwa: „Komm damit klar!" Oder „Packs an!" Es will sagen: „Egal, was dir passiert und was in deinem Leben geschieht, sei es noch so traurig, komm damit klar... und pack es an!"

„Deal with it" ist auch für mich seit einiger Zeit eine „Medizin". Das Motto bedeutet für mich, das Leben bewusst pragmatisch anzugehen. Unsere Lebenssituation und unsere Erfahrungen passen sich unserer Haltung gegenüber dem Leben an. Mit dem Leben umzugehen bedeutet, sich dem zu stellen, was um uns herum geschieht, und das, was erforderlich ist, zu tun. Es bedeutet, den Kopf aus dem Sand zu ziehen, die Augen zu öffnen und mutig zu sein! Mutig dem gegenüber, was da ist. Es heißt, Entscheidungen zu treffen und das Beste daraus zu machen! Nimm mein „Deal with it" oder das der Amerikaner als Schlüsselsatz, quasi als lieb gemeinte Anweisung in schwierigen Situationen: Deal with it! Komm damit klar! Pack´s an! Ja!

Auch hier geht es darum, sich dem Lebensstrom mit all seinen Überraschungen, die er für uns bereithält, hinzugeben, ohne Ablehnung, Vermeidung und Widerstände anzunehmen, was ist. Wenn ich mich auf allen Ebenen meines Seins dem Lebensstrom hingeben kann, lasse ich mich durch das Leben bereichern und nähren.

Das kann bedeuten, dass ich bewusst auf das Geschmeidige und Weiche, das Biegsame in mir achte. Ich stelle mir vor und fühle, wie Lebensenergie zu mir kommt und durch mich fließen kann. Sei nicht steif und unbiegsam, sondern weich! Öffne dich und erlaube denselben Zugang in dir zu finden, sei hingebungsvoll! Widerstandslos zu sein bedeutet hier, anzunehmen, sich zu öffnen für das, was kommen wird.

Ein Festhalten an altem Schmerz oder Groll ist nicht notwendig, denn tief in deinem Innern weißt du, dass du immer versorgt wirst. Alles Leben, das zu dir kommen kann, durch dich hindurchfließen und aus dir hinausfließen kann, ist wie ein lautstarkes Ja! zur Lebensenergie.

Sag: „Herzlich willkommen, durchströme mich und ströme weiter."

Diese Lebenshaltung ist mehr denn je Hingabe an alles, was ist.

Verdrängte Persönlichkeitsanteile integrieren

Eine Möglichkeit zu dir selbst Ja! zu sagen, liegt darin, deine inneren Anteile anzunehmen. Als innere Anteile bezeichnet man die verschiedenen Rollen, die wir während unseres Lebens spielen. Da gibt es zum Beispiel das innere Ungeborene, den Säugling, das Baby, das Kind, die/der Jugendliche, der/die junge Erwachsenen, die innere Frau oder den inneren Mann. Darüber hinaus gibt es weitere Anteile, zum Beispiel Archetypen wie Held, Engel oder Weiser.

Die Auseinandersetzung mit ausgegrenzten inneren Anteilen kann eine erhebliche Anstrengung bedeuten. Solltest du dich dafür entscheiden und noch nicht darin geübt sein, empfehle ich dir, auf jeden Fall eine professionelle Begleitung in Anspruch zu nehmen. Dieser Weg stellt nun eine der möglichen Arten des „Wieder-in-Balance-Kommens“ dar. Doch sobald wir damit begonnen haben, diese ausgegrenzten Anteile wieder zu uns zu nehmen und mit uns innere Dialoge zu führen, wird es immer leichter sein, zu ermitteln, welche Teile in uns gerade Aufmerksamkeit benötigen.

Das innere Baby

Gehen wir davon aus, dass alle Lebensphasen, die wir je durchlaufen haben, uns zu dem gemacht haben, was wir heute sind. Wir können von Anfang an Erfahrungen sammeln. Bereits als ungeborene Wesen sind wir in der Lage, über unser instinktives Selbst Eindrücke zu speichern.

Mit inneren Anteilen sind hier also auch die Teile gemeint, die einer früheren Lebensphase entsprechen. Es kann also sein, dass wir ein inneres Baby in uns tragen, das bestimmte Stressgefühle, die zum Beispiel bei einer Frühgeburt und dem, was darauf folgte, entstanden sind, noch nicht verarbeitet hat. Diese Stressgefühle können sich dann noch heute bemerkbar machen. Oft ist ein sonst unerklärliches Verhalten auf so eine lang zurückliegende Erfahrung zurückzuführen. Wenn wir uns jetzt mit unseren Anteilen befassen, kann es sein, dass der innere Säugling sich lautstark zur Wehr setzt. Vielleicht möchte dieser innere Anteil Aufmerksamkeit, gesehen und gefühlt werden, vielleicht gehalten und gewiegt oder gestillt werden und letztlich einfach in den elterlichen Armen ruhen.

Hast du bereits gelernt, mit deinen Emotionen zu arbeiten und dich zu bejahen, wird die Kontaktaufnahme immer leichter werden. Möglicherweise wird dabei eine große Menge an zurückgedrängten Emotionen freigesetzt. Es gibt zahlreiche Möglichkeiten sich hierbei sanft begleiten zu lassen. Und sollte in diesem Moment, in dem du mit dir und diesen Anteilen in Kontakt bist, niemand zur Stelle sein, dann wiege dich selbst, sei du dir selbst Obhut und behutsame Hilfe.

Wenn sich aber das innere Baby meldet und wir uns diesem lang vergessenen Teil in uns

zuwenden,

unser Herz öffnen

in Kontakt gehen

und Ja! sagen können

zu diesem Teil in uns, geschicht etwas ganz Wunderbares; eine Wandlung, ein Ganz-Werden. In dem Moment, in dem wir uns dem inneren Anteil zuwenden, der gerade leidet, erlauben wir unserem ganzen Selbst, gesehen und gehört zu werden. Wird dieser innere Teil angeschaut, hört er auf zu leiden. Dein inneres Baby erlebt es gesehen und angenommen zu sein. Damit kann es ganz ruhig und friedlich werden.

In der Antwort auf die Fragen „Was fühlst du?" und „Was brauchst du?" liegt oft der Schlüssel für inneren Ausgleich, für Balance.

Machen wir uns nun zu diesem Zeitpunkt ein Bild davon, was wir brauchen und halten wir dann gleichzeitig Stirn und Hinterkopf, wie in der Übung zuvor beschrieben, kann unser innerer Anteil zur Ruhe kommen und die stressbeladenen Gefühle so integrieren, dass es zum Verkraften im besten Sinne kommt. Dies ist eine Versöhnung mit dem eigenen Schicksal.

Wenn du nicht gewohnt bist, gesehen, gewürdigt und gehört zu werden, kann bei diesem Prozess etwas aufbrechen und sich in starken Gefühlen Ausdruck verschaffen. Auch diese aufkommenden Gefühle können und sollen sanft und liebevoll bejaht werden. Auch sie dürfen sein!

Stelle dir vor und fühle, dass das Baby jetzt das bekommt, was es am meisten braucht. Versetze dich ganz für einen Moment in die Rolle des inneren Babys, dessen Bedürfnisse erfüllt werden!

Das innere Kind

Wenn etwas unangenehm ist oder schmerzt und wir feststellen, dass dieser Schmerz von einer alten Wunde aus unserer Kindheit rührt, kann es eine beruhigende Wirkung haben, mit dem verletzten Kind in uns Kontakt aufzunehmen.

Nimm den kleinen Bernhard, die kleine Ruth oder wie auch immer du heißt, in dir an, sieh ihn/sie, fühle ihn/sie, erlaube ihm/ihr, sich so zu fühlen, wie ihm/ihr zumute ist, und sag nicht wie vielleicht gewohnt: „Reiß dich zusammen, ist schon nicht so schlimm.“ Möglicherweise ist es doch schlimm für dieses Kind. Das Gefühl des Kindes möchte auch gerne anerkannt werden. Auch hier geht es oft um die Würdigung der verbannten Gefühle.

Bannung, wie schon zuvor beschrieben, geschieht durch das Nicht-wahrhaben-Wollen, durch das Einfrieren der Gefühle. Häufig spalten wir ein ungeliebtes oder unangenehmes Gefühl zusammen mit dem schreienden Kind in uns ab. Doch das ändert nichts daran, dass es da ist, es lebt einfach weiter in der Verbannung. Ein Teil von uns fehlt. Und weil dieser wesentliche Teil fehlt, wird verhindert, dass wir zu voller Größe heranwachsen können.

Sagen wir nun Ja! zu diesem verbannten Teil in uns, so setzt sich ein Mechanismus in Bewegung. Wahrscheinlich wird uns eine Flut intensiver Gefühle überkommen und wir spüren, dass wir einer Wiedervereinigung unseres Selbst nahe sind. So in etwa kann es sein, wenn wir einen lange verschollenen, geliebten Verwandten wieder in unsere Arme schließen. Nur ist es in diesem Fall das verstoßene Kind, das wir wieder nach Hause kommen lassen.

Auch hier ist die Visualisierung ein hilfreiches Instrument: Stell dir vor, wie du jetzt, als die- oder derjenige, der du jetzt bist, dein inneres Kind ansiehst. Nimm es wahr, sieh es, schau es an und zeige ihm, dass es willkommen ist bei dir, mit allem, was es ausmacht! Nimm dir Zeit dafür! Und dann, wenn du soweit bist, wechsele deine Perspektive und erkunde, wie du dich mit deinem inneren Kind anfühlst. Wie ist es für dich, gesehen zu werden? Wie ist es, mit all diesen Gefühlen angenommen und willkommen zu sein? Nimmst du dir genügend Zeit und Raum dafür?

Dann lass den Großen in dir dein inneres Kind fragen: „Was brauchst du im Moment?“ Ich vermute, dass dein inneres Kind auf deinen Arm oder auf deinen Schoß möchte, sich ankuscheln und sich für ein paar Momente geborgen fühlen will, sich anlehnen möchte, an den Großen.

Während ich dies hier erneut, für die Überarbeitung des Buches schreibe, sehe ich eine Mutter ihr Baby auf dem Arm, bäuchlings wiegen und streicheln. Es ist etwas zutiefst Natürliches! – Ich beobachte dies auf der Frisia IX sitzend am 4.12.2013 auf der Fahrt auf die Insel Juist. Uns wurde soeben mitgeteilt, dass aufgrund des aufkommenden Orkans an den nächsten beiden Tagen der Schiffsverkehr eingestellt wird. Annehmen, was ist.

Tanke dich auf, nähre dich an der Geborgenheit, die jetzt für dich da ist und sei sicher, dass du nun wieder gut aufgeboben bist. Sag Ja! zu dem Kind in dir und freue dich, dass du es zurückgewonnen, zurückerobert, zurück „nach Hause" geholt hast. Nun kann es sein, dass dein inneres Kind sich sättigen kann. Und was machen Kinder dann, wenn sie satt sind? Sie richten sich auf, schauen dich noch einmal an, setzen sich in Bewegung und gehen spielen. Kinder, die gesehen und gewürdigt sind als die, die sie sind, gehen spielen und erforschen die Welt.

Übung 8: Trost

Solltest du das Gefühl haben, Trost zu brauchen, kann es sein, dass es gar nicht dein aktuelles Ich ist, das getröstet werden will. Oft ist es das innere Kind, das sich meldet.

Frage dich deshalb, welcher Teil in dir Trost braucht. Ist es das innere Baby, das innere Mädchen, der innere Junge? Was auch immer es ist, frage es, was es sich wünscht. Zum Beispiel:

- In den Arm genommen
- An der Hand gehalten oder
- Umarmt zu werden.

Eine tröstende und unterstützende Geste kann auch hier das aus der Kinesiologie bekannte Stirn- und Hinterkopf – Halten sein.

Der Teenager

Wir lösen uns aus der Kindheit und geraten sprichwörtlich in einen Reifeprozess. Dieser gestaltet sich sowohl körperlich als auch seelisch, geistig, emotional und mental. Auf einmal finden wir uns in einer Lebensphase wieder, die uns aus der Kindheit heraus katapultiert hat und uns länger als uns lieb ist in einem Werdungsprozess aufhält. Das Erwachsenwerden ist das Ziel und gleichzeitig noch überhaupt nicht in Sicht. Dieser Prozess ist wie eine Häutung, eine komplette Wandlung.

Haben wir diese Phase überstanden und uns ordentlich abgenabelt, können wir uns zu Recht Erwachsene nennen. Die Pubertät hat es in sich: Allein im Gehirn geschehen so viele Veränderungsprozesse, dass wir in dieser Zeit nicht mehr wirklich „normal" zu sein scheinen. Wir ecken überall an und distanzieren uns von unseren Eltern – nicht selten auf sehr raue Art und Weise. Doch schon im nächsten Moment wissen wir nicht mehr, was in uns gefahren ist, und sind über den Zorn unserer Erzeuger todtraurig, denn so haben wir das ja nicht gewollt. Diese Lebensphase ist ein großes Wechselbad der Gefühle. Was für eine Zeit! Ist das gut, wenn sie vorbei ist!?

Nun, was ist übrig geblieben von den Jugendlichen in uns, die sich in dieser Zeit so brutal und erfolgreich von ihren Eltern abgenabelt haben? Vielleicht ist das ja nicht in aller Konsequenz geschehen und es sind noch Teile des „Rebellen“ in uns, da sie früher immer unterdrückt wurden und wir uns nicht getraut haben uns von unseren Eltern wirklich zu trennen.

Der Abnabelungsprozess ist ein bedeutungsvoller, wichtiger und länger währender Prozess, der sehr dienlich ist für die Entwicklung in das ganz Eigene und Individuelle hinein. Der Rebell in uns macht sich bemerkbar, wenn wir mit Ungerechtigkeiten konfrontiert werden oder wenn wir uns von anderen gegängelt fühlen.

Menschen, die noch immer diesen rebellierenden Jugendlichen in sich tragen und sich nicht vollständig abgenabelt haben, erkennen sich selbst daran, dass es für sie nicht einfach ist, mit Jugendlichen umzugehen. Vielleicht geht es sogar so weit, dass sie überhaupt kein Verständnis für das trotzige Verhalten von Jugendlichen haben, selbst jedoch gern in unangenehmen Situationen in trotziger Haltung, mit verschränkten Armen und gekreuzten Beinen dasitzen und schweigen.

Wie können wir nun diesen inneren Aspekt von uns in die Arme schließen, wenn der doch so garstig ist? Die jugendlichen Anteile in uns mögen es womöglich trotzdem, in den Arm genommen zu werden. Auf jeden Fall wollen sie gehört, gesehen und gewürdigt sein und als ebenbürtig wahrgenommen werden. Sie wollen sicher ernst genommen werden und nicht abgewertet.

Eine konzentrierte Aufmerksamkeit gepaart mit Ernsthaftigkeit und Respekt ist die Haltung, mit der wir dem jugendlichen Rebellen in uns gegenüber treten sollten.

Eine weitere Pubertätsproblematik, die noch im Alter Auswirkungen hat, ist die, dass es nicht gelang sich abzunabeln. Dieser Mensch wird sich wahrscheinlich noch in Abhängigkeit, von den stets erwartungsvollen Eltern, die alles bestimmen und fordern wollen, wähnen. Durchaus setzt sich diese Erscheinung auch am Arbeitsplatz mit den Vorgesetzten oder den Kollegen fort. Dies sind Menschen, die es bis heute nicht geschafft haben, den Abnabelungsprozess von den Eltern zu vervollständigen und sich selbst zwar ungern, aber doch noch am Rockzipfel festhalten oder fest gehalten fühlen.

Das von den Eltern oder einem Elternteil nicht abgelöste und somit verstrickte Leben verläuft im Schatten des Lebens der Eltern und zumeist auf die Art und Weise dieser Großen. Sich zu befreien ist scheinbar nicht erlaubt und wird mit Liebesentzug geahndet. Zumindest ist das oft die Befürchtung. Manche Menschen, die selbst bereits erwachsene Kinder haben, erleben dann den Zugzwang, ihre eigenen Kinder ins eigene erwachsene Leben verabschieden zu müssen und sich selbst immer noch nicht gelöst zu haben. Auch dieser Abnabelungsprozess kann nachgeholt werden. Eine weitere Befreiung in das eigene große Selbst.

Dieser jugendliche Anteil in uns darf lebendiger Teil sein. Niemand sollte sich durch die emotionale Hintertür hineinschleichen müssen, um dann hervorkommend ein unverhältnismäßiges Unwesen zu treiben, hysterische Zusammenbrüche, cholerische Wutanfälle zu bekommen oder überspitze Besitzansprüchen zu äußern. Das Annehmen dieser Teile steigert die Integrität der Persönlichkeit.

Du bist ein Mensch mit vielen verschiedenen Facetten und kannst alles aus dir schöpfen, was du brauchst und ausleben, was du bist: Engel, Geliebter, Mama, Papa, Kind. Dadurch kannst du jedem Teil von dir seinen Frieden bringen. Es gilt einfach anzuerkennen, dass wir mehrere innere Anteile in uns tragen, die uns bereichern und ergänzen. Die Anerkennung dieser inneren Anteile unterstützt uns darin zu erkennen, wie vielschichtig, macht- und lichtvoll wir sind. Trau dich, deine Vielschichtigkeit kennen zu lernen! Identifiziere deine inneren Anteile! Sei dir des Lichtes bewusst, dass du warst, das du bist und das du immer sein wirst! Des Lichtes, das sich aus der einen großen Quelle löst, speist und in das irdische Leben kommt.

Übung 9: Affirmationen

Im neunten Kapitel des *Master Key Systems* von Charles F. Haanel wird die Geschichte von dem jungen Frederick Andrews erzählt, den die Ärzte wegen seiner Verkrüppelung aufgegeben hatten.

Dieser Junge jedoch will trotz aller negativen ärztlichen Prognosen leben, gesund und ganz sein. Er formuliert für sich folgenden Satz: „Ich bin ganz, perfekt, stark, mächtig, liebevoll, harmonisch und glücklich." Und betet, spricht, meditiert und fleht diesen Satz täglich tausendfach, immer und immer wieder.

Der Junge wuchs zu einem Mann heran, gesund, kraftvoll, lebensbejahend und erfolgreich. Diese Affirmation habe ich seit Jahren als Teil meiner Kindermentaltrainingsgruppen einbezogen. Wir haben die Worte gesungen, gesprochen, eingeübt und mit den Kindern heraus gefunden, wie es sich anfühlt, so zu sein.

Der Satz hat bestimmt schon sehr viele Menschen erreicht und beflügelt und nimmt so dann eine lebendige, dynamische, farbenfrohe Gestalt an, die wir einladen können, uns und unser Leben zu bereichern.

Probiere mal diesen Satz laut auszusprechen, wiederhole ihn einige Male, was spürst du? Kannst du erlauben dieser

Wahrheit in dir Raum greifen zu lassen und in dir anzukommen? Wir fühlst du dich, wenn du

Ganz

Vollkommen

Stark

Mächtig

Liebevoll

Harmonisch und

Glücklich

bist?

Wie dehnt sich diese Weisheit in deinem Körper aus? Nimm dir einen Augenblick um nach zu spüren. Wie würde es sein, diesen Satz täglich für dich oder auch mit deiner Familie auszusprechen? Vielleicht erfindest du eine Melodie, mit der sich diese Affirmation singen lässt. Probiere es aus!

Viel Freude!

IV. Die eigene Geschichte annehmen

Jede Geschichte ist einzigartig und besonders. Hier und da gibt es vielleicht Ähnlichkeiten mit anderen Geschichten und Erlebnissen, doch der Verlauf, unseres Lebens, unsere Herkunft, unsere Entwicklungen und die Wahlen, die wir treffen, machen uns einzigartig. Wir erleben und reagieren auf sehr individuelle Weise. Erziehung, Vorbilder und die Erlebnisse unserer Kindheit sind uns vorgegeben und hinterlassen einen Eindruck in uns. Eine Prägung.

Wie wir mit all dem, was uns prägt, umgehen, ist bei jedem anders. Wenn wir uns annähern können und immer mehr zu all dem, was uns geformt hat, Ja! sagen und es somit mehr und mehr annehmen können, machen wir uns langsam aber sicher zugänglich für die ganze Kraft und Vitalität. Gleichzeitig erlauben wir uns der universellen Energie zur Verfügung zu stehen. Es ist bedeutungsvoll die eigene Lebensgeschichte zu akzeptieren und anzunehmen. Auch hierbei geschieht Integration, die uns zu unserer wahren Größe verhilft.

Versöhnung mit den Eltern

Vor einiger Zeit durfte ich eine Frau begleiten, die bereit war, eine Dynamik, die im Verborgenen liegt anzuschauen. Eine Dynamik die scheinbar dafür verantwortlich war, dass sie sich immer noch nicht frei fühlte und sich immer noch nicht frei im Leben bewegen konnte. Ihre Geschichte umfasste, dass sie als neugeborenes Zwillingskind von den Eltern, die bereits drei gesunde Kinder plus ein anderes Zwillingskind ihr eigen nennen konnten, an ein kinderloses verwandtes Paar gegeben wurde. Für diesen Kindersegen dankbar wollten sie diesem Paar etwas Gutes tun und gaben ihr jüngstes Kind in diese Familie ab.

Dem kleinen Mädchen hat es an nichts gemangelt, nicht nur das Adoptiveltern-Paar war fürsorglich, auch Großeltern, Tanten und Onkel waren auf dem Hof Vorort und kümmerten sich liebend gern um den erwünschten, angenommenen Nachwuchs. Das Mädchen wuchs heran und kam immer mal zu Besuch zu den Geschwistern und zu den richtigen Eltern, was nicht immer einfach war. Obwohl sie wusste, dass es ihr gut ging und alle sehr liebevoll für sie da waren, schwelte und arbeitete in ihr die Frage: „warum ausgerechnet ich?“

Erst in ihrer Aufstellung - mittlerweile selbst sechzigjährig - konnte sie gewürdigt sehen, dass auch ihre richtigen Eltern nie glücklich wurden damit, dass sie ihr Kind fort gegeben hatten. Diese Frau schrieb mir nach der Aufstellung: „Nach der Aufstellung dachte ich erst, bei mir müsste jetzt etwas Spektakuläres geschehen, jetzt da ich mich frei fühle. Das ist es wohl nicht. Kleine Veränderungen machen sich aber doch bemerkbar, nun kann ich ohne Umwege und Bauchschmerzen an dem Hof von meinen Pflegeeltern vorbei fahren. Zu meinem Vater und zu meiner Mutter habe ich jetzt eine andere Verbindung, weil ich den Schmerz über die Trennung von mir bei meiner Mutter gesehen habe und sich mein Vater für mich eingesetzt hat und ich ihm nicht gleichgültig war. Was ich in meinem Leben gefühlt habe, hat ein Gesicht bekommen und es ist wahr. Nun gehe ich meinen Weg in größerer Freiheit und mit weniger Angst aus einem System herauszufallen."

Wir haben ganz unterschiedliche Erlebnisse mit unseren Eltern. Selbst in den Geschwisterreihen unterscheidet sich oft der Blick auf unsere Eltern immens und auch die Erfahrungen, die wir mit ihnen gemacht haben.

Sind wir in Liebe und Zuneigung empfangen worden, könnte es sein, dass es für uns leichter ist, unsere Eltern und uns selbst anzunehmen. Wie wir bei vielen systemisch und familientherapeutisch tätigen Fachleuten erfahren, ist unsere Herkunft und der Frieden damit entscheidend dafür, wie kraftvoll wir in den eigenen Schuhen stehen, im eigenen Leben sind.

Unsere Vorfahren, unsere Ahnen sind vergleichbar mit dem tiefen Wurzelwerk von Bäumen. Diese Menschen, die vor uns gelebt haben, beziehungsweise früher ins Leben gekommen sind, stellen die Wurzeln für unser Leben dar. Uns dieser Wurzeln bewusst zu sein und uns selbst als Abkömmlinge anzunehmen, kann uns als stabile Lebensgrundlage dienen. Es ermöglicht uns, weit und hoch über uns hinauszuwachsen. Mit den Füßen auf der Erde, mit dem Kopf im Himmel. Verbunden mit Mutter Erde und Vater Himmel, sicher im Jetzt.

Doch zuerst sollte die Basis, also das Wurzelwerk gebildet werden. Wir kommen alle aus unserer Herkunft, doch manchmal versuchen wir die Verbindung dazu zu kappen und wackeln und wanken dann durch unser Leben ohne Verbindung zu denen, von denen wir kamen. Eine gute Verbindung unterscheidet sich deutlich von einer belasteten Verstrickung.

Die Verstrickung entsteht und geht häufig durch grenzüberschreitendes Verhalten, Vereinnahmung, Überbeanspruchung und dem nicht gesunden Abgenabelt-Sein, sowohl von Seiten der Kinder als auch von Seiten der Eltern oder einzelner Elternteile einher. Dem gegenüber ermöglicht die gute Verbindung zu den Eltern und Vorfahren, dem Nachkommen frei zu sein und frei zu leben.

Seit vielen Jahrhunderten und in vielen Kulturen ist es so, dass sich natürlicherweise die Mädchen ab der Geschlechtsreife zunehmend an der Mutter orientieren und die Frauen unter sich bleiben. Die Söhne eifern den Vätern nach, und auch die Männer bleiben unter sich. Väter und Söhne, Mütter und Töchter. Der Sohn folgt dem Vater, die Tochter der Mutter – so ist es heute noch in ländlichen Nachbarschaften: Haben sich erst mal alle begrüßt, sitzen Frauen bei Frauen und Männer bei Männern.

Vaters Tochter und Mutters Sohn sind ebenfalls wichtige Rollen. Auch sie beschreiben ein ganz bedeutungsvolles Verhältnis. Wie oft schon haben wir mitbekommen, dass Kinder den andersgeschlechtlichen Elternteil heiraten wollten. Ging es dir ähnlich?

Beide Elternteile anzunehmen und in Frieden mit ihnen zu sein, ist daher eine lebensrichtige und sehr geeignete Grundlage für ein gesundes kraftvolles Selbstbild und eine hilfreiche Basis für das eigene Leben, die Partnerschaft und das Gründen einer eigenen Familie.

Ja! zur Mutter kann der Beginn der Versöhnung mit der weiblichen Seite der Familie sein. Die Annahme der Mutter kann erleichtern, dadurch die weibliche, rezeptive, nährende und verbindende Seite in dir anzunehmen. Für uns Frauen bedeutet es zudem, frei zu sein, das eigene Frau-Sein so zu gestalten, wie wir es möchten und wie es aus uns entspringen möchte.

Die Versöhnung bietet die Chance auf eine Verbindung mit der mütterlichen Linie. Daraus erwächst eine Freiheit, die Raum gibt für die Individualität. Bevor wir jedoch unsere Individualität leben können, ist es sehr förderlich, wenn wir unsere Ahninnen anerkennen. Wenn wir bei uns angekommen und mit unseren Ahnen verbunden sind, eröffnet sich uns ein tiefes Wissen. Wir sind geborgen und frei, die Person zu sein, die wir sind. Wir haben nun dadurch sprichwörtlich so viel Wohlwollen in unserem Rücken – Rückendeckung – , dass wir vertrauensvoller damit in unserem Leben sein können. Wie ist das für dich, wenn du dir bewusst bist, dass du bestärkend und unterstützend deine Eltern im Rücken hast?

> Meine Mutter hat eine ruhige und gütige, manchmal spitzfindige Art. Sie hat mir schon als Kind ein sinnbildliches Krönchen aufgesetzt und mir so vermittelt, dass ich wunderbar bin. Selbstverständlich gab es auch immer mal eher unangenehme Begebenheiten, die ich mit ihr in Verbindung bringe. Jedoch ist sie der sichere Hafen, zu dem wir Kinder alle immer wieder zurückkommen. Sie ist zu Hause, Nahrung und Geborgenheit, alles zusammen und mit all ihren Macken bestmögliche Mutter der Welt. Sie hat vielleicht nicht immer aus ganzem Herzen meine Wege befürwortet, doch hat sie mir letztlich immer das Gefühl gegeben, von ihr unterstützt und gestärkt zu werden. „Wenn du meinst, du musst das tun, dann musst du das tun. Du machst ja eh, was du willst."

Den Vater anzunehmen und ihm ein Ja! zu äußern, kann eine Annäherung zur Versöhnung mit der männlichen Seite der Familie sein. Die männliche, väterliche Seite entspricht den Qualitäten die sich als manifestierend, aktiv, produktiv, kämpferisch, beschützend, versorgend beschreiben lassen.

Im Geiste gehe ich alle meine männlichen Freunde und auch Brüder durch und auf Anhieb fallen mir nur schwierige, nicht geklärte Vater-Sohn-Beziehungen ins Auge. Jedoch auch mit dem Vater ausgesöhnt zu sein, ist von hoher Bedeutung.

Es gibt drei besondere Erlebnisse, die eng mit meinem Vater verknüpft sind. Als Kind hatte ich das Gefühl von meinem Vater kontrolliert zu werden und keinen Platz für mein So-Sein, meine Ideen und für mich zu haben. Auch während meiner Pubertät verstanden wir uns meistens nicht. Ich sprach auch kaum mit ihm, da Gespräche immer in einer Auseinandersetzung mündeten, die ich vermeiden wollte. Als Achtzehnjährige verließ ich deshalb den Hof und blieb bis auf wenige kurze Besuche bei meiner Familie, lange weg.

Schon ein Jahr später befand ich mich als Auszubildende in einer recht gefährlichen Situation.

Meine eigenen Versuche mich aus der Situation zu befreien, genügten nicht auf Grund meiner Lebensunerfahrenheit. Mit dem ich dann zu Hause um Hilfe bat, standen meine Eltern, insbesondere mein Vater, Gewehr bei Fuß. Auch heute noch fühle ich mich aus dieser Situation von meinem Vater gerettet. Das bewirkte damals bereits ein leichteres Versöhnt-Sein mit all den Konflikten, die ich mit ihm hatte, als ich Teenager war. Meinen Vater als meinen Retter zu erleben, war für mich eine Befriedung dieser Eltern-Kind Beziehung.

Fünf Jahre später brachten mich meine Eltern zum Flughafen, da ich nach Hongkong fliegen wollte, um dort mein Glück zu versuchen und eine Beschäftigung antreten wollte. Mitte der 80er Jahre war dies für eine Mittzwanzigerin noch eine große Ausnahme und eine verwegene, von unseren Nachbarn kopfschüttelnd betrachtete Entscheidung. Wie lange ich fortbleiben würde, konnte und wollte ich nicht sagen. Meine Antwort war nur: „Ich komme wieder, wenn ich Erfolg gehabt habe.“ Diese Ungewissheit machte uns allen den Abschied schwer. Meine Mutter erzählte mir Jahre später, dass dies für sie ein fast unerträglicher Moment war.

Was wir Kinder unseren Eltern alles zumuten und wir Eltern alles bereit sind auszuhalten! Hut ab, vor allen Eltern!

Als ich dann anderthalb Jahre später zurückkam, erfolgreich zwar, aber vollkommen geschwächt, entließ sich mein Vater selbstständig aus dem Krankenhaus (ich weiß nicht mehr, was er hatte) und fuhr mit meiner Mutter zum Flughafen, um mich eigenhändig abzuholen. Für mich, der erst in der Ferne klar geworden war, wie wichtig Eltern und Familie sind und die teilweise höllisches Heimweh hatte, war es unaussprechlich schön. Was für ein Glück, welch eine Freude und was für ein Elternliebesdienst! Ich fühlte und erlebte hautnah und noch mehr, wie wichtig ich meinem Vater war.

Einige weitere Jahre später besuchten meine Eltern mich an meinem damaligen Arbeitsplatz, einem Fünf-Sterne-Hotel in Berlin, wo ich als Schulungsleiterin tätig war. Ich führte meine Eltern durch die Büros und „meine“ Schulungsräume. Nach ihrer Abreise, als ich wieder zu arbeiten begann, fand ich im

> Schulungsraum einen Zettel meines Vaters, auf den er mit zackiger Handschrift geschrieben hatte, dass er und meine Mutter sehr stolz auf mich seien...

Ist es nicht das, was wir Kinder von unseren Eltern ersehnen, dass sie endlich stolz auf uns sind! Für mich war es so, und ich erkannte damals, wie viel ich in meinem Leben bewusst oder unbewusst getan hatte, um das zu erreichen. Weitere Schichten der Selbsterkenntnis können wir erlangen, wenn wir bereit sind, uns mit unseren Eltern zu versöhnen – die Beziehung mit ihnen befrieden. Ich bin dankbar, dass ich noch zu seinen Lebzeiten Frieden und Versöhnung mit meinem Vater gefunden habe.

Natürlich hat sich unbewusst die Geschichte meiner Eltern auf meine Entwicklung, auf meine Beziehungsfähigkeit ausgewirkt, doch spätestens als Erwachsene, habe ich mich als eigenverantwortlich für mein Leben erachtet. Während meiner kinesiologischen und systemischen Ausbildung kam es häufig vor, dass wir Teilnehmer uns noch mal mehr mit der eigenen frühen Kindheit befassen konnten.

Eine Erkenntnis, die aus dieser Bearbeitung der eigenen Themen erwachsen ist, lautet: „Das hat keiner so gewollt. Keiner hat beabsichtigt, dass ich leide."

Was immer wir erlebt haben, was bei uns schmerzliche Gefühle oder Ängste verursacht hat – es hat sicher niemand beabsichtigt, dass wir uns so fühlen. Das für sich anzunehmen, macht es einfach, aus dem Zorn herauszufinden und unsere gebundenen Emotionen und Gefühle, die mit einem früheren Erlebnis einhergehen, zu befreien. Dann ist es oft leichter, den gewünschten Geisteszustand zu erreichen.

Heute weiß ich, dass sich dieser Prozess noch sanfter und leichter vollziehen lässt – jeder von uns entscheidet selbst, wie sanft oder hart, wie schwer oder leicht die Versöhnung mit der eigenen Geschichte ist. Manchmal ist es hilfreich, etwas zu verstehen, die Zusammenhänge zu erkennen, doch ich bin davon überzeugt, dass es oft auch genügt, ganz einfach aus vollem Herzen Ja! zu unserer Geschichte zu sagen. Ja! Ja! Das macht mich aus, das gehört zu mir. Ja, so wurde ich geprägt.

Alles hat sein Gutes! In allem ist ein Wert zu entdecken. Jede Erfahrung, jedes Erlebnis enthält einen Wert, der dafür sorgt, wenn wir ihn erkannt haben, dass wir eine Entwicklung gemacht haben.

Unsere Eltern zu bejahen bedeutet, dass wir das, was wir von ihnen für unser Leben geschenkt bekommen haben, annehmen und achten. Fühlst du dich ermutigt heraus zu finden, was das alles ist?

Nun, vor allem ist es dein Leben.

Du hast von deinen Eltern das Leben geschenkt bekommen.

Kannst du es annehmen? Ganz? Machst du das Beste daraus?

Ja! heißt, das Leben von unseren Eltern zu nehmen und auf unsere eigene Weise das Beste daraus zu machen. So können wir unsere Eltern annehmen, wie sie sind. Denn ihnen sei gestattet es auf ihre Weise zu tun. Ihr Leben zu leben.

Ja, dieses Ja! kann eine Herausforderung sein.

Und auch dies kann leicht mit Ja! gelingen. Und dann schau, was hält dich davon ab und nimm das auch an.

Wenn meine Tochter sagte, als sie in der Pubertät war: „Oh, Mama, bist du peinlich!“, konnte ich mir ein breites Grinsen selten verkneifen, denn von ihrer Warte aus hatte sie ja Recht! Als Heranwachsende kann sie mich nur peinlich finden, da ich ja in keiner Weise darauf achte, ihren Maßstäben des „cool-Seins“ zu entsprechen. Es sind also die eigenen Maßstäbe, die wir bei anderen anlegen. Wenn uns das einmal bewusst geworden ist, verstehen wir auch, wie unsinnig es ist, das zu tun.

„Ich mache es auf meine Weise. Und du machst es auf deine Weise.“

Die Maßstäbe, die Anforderungen, die ich definiert habe, sind doch nur meine eigenen. Kein Mensch außer mir, muss denen gerecht werden. Also kann ich sie im Umgang mit anderen direkt zur Seite schieben und diese anderen Menschen, die Eltern eingeschlossen, unabhängig davon betrachten.

Wenn uns das gelingt, erfahren und lernen wir viel mehr von dem anderen als zunächst vermutet. Es ist etwas sehr Kostbares, was wir uns selbst zum Geschenk machen, wenn wir unsere Art zu denken und zu leben „bei uns“ lassen. Denn dann können wir mit freiem Blick und klarer Sicht den anderen wahrnehmen und neue Seiten an ihm entdecken. Nur weil ich oft schnell und zügig meine Aufgaben erledige, muss diese Verhaltensform noch lange nicht für alle gelten. Ist es nicht wunderbar, wenn wir jemanden in der Nähe haben, der uns „Schnellen“ die Möglichkeit des Innehaltens und der Bedächtigkeit aufzeigt?

Vor kurzem waren wir mit Freunden verabredet und trafen uns in der Mitte zwischen unseren weit voneinander liegenden Wohnorten. Der Freund hatte, während wir morgens kurz nach dem Aufstehen noch verschlafen den ersten Kaffee miteinander genossen, bereits auf sehr langsame, jedoch eindeutige Art die Kochküche für sich beansprucht, während wir im gleichen Raum am Esstisch saßen. Ich konnte ihn beobachten, wie er ganz sorgfältig und langsam und in aller Seelenruhe ein ganz schönes Frühstück für uns zauberte. Wir unterhielten uns alle miteinander und auch er war im Gespräch beteiligt, jedoch auch irgendwie ganz versunken, in dem was er da gerade tat. Mir fiel das deshalb so auf, da ich selbst sehr schnell viele Handgriffe gleichzeitig machen und in Windeseile ein umfassendes Mahl bereiten kann. Mir hat die Ruhe und Bedächtigkeit im Tun unseres Freundes sehr gut gefallen und mich allein bei der Beobachtung entspannt.

Ist es nicht wunderbar, wenn wir neue Wege und Arten beobachten und erwägen können, ob wir diese oder jene Eigenart in uns aufnehmen und für uns kultivieren wollen? Offen zu sein für andere Herangehensweisen ist eine Bereicherung.

Kommen wir nochmal zu unseren leiblichen Eltern zurück. Was ist, wenn die nie da waren für uns, aus welchen Gründen auch immer? Wie sehr sind wir bereit, trotzdem unsere Geschichte zu betrachten, ohne sie als „gut“ oder „schlecht“, „leicht“ oder „schwer“ zu bewerten? Gelingt es uns, sie einfach zu betrachten als die, die sie ist? Gelingt es uns einfach zu bestätigen „Ja, so war das! Das ist die Erfahrung, die ich gemacht habe. Das gehört zu meinem Schicksal.“

Vielleicht ist das Annehmen der eigenen Geschichte für die von uns, die eine besondere Herkunft haben, die nicht mit ihren Eltern aufgewachsen sind oder die schon früh die Trennung von einem Elternteil erlebt haben, eine noch größere Herausforderung. Vielleicht aber auch nicht. Möglicherweise ist genau deine Geschichte, die Geschichte, die für dich die meisten Entwicklungschancen enthalten hat und die deine Seele ausgewählt hat?!

Wir wählen unser Schicksal

In einer Sitzung mit einer Klientin kam zutage, dass sie per Kaiserschnitt zur Welt gebracht worden war. In einer der kinesiologischen Sitzungen kam sie noch einmal in Kontakt mit den Schockgefühlen, die es auslöste, ohne Vorwarnung ihrer Mutter aus dem Bauch gerissen zu werden. Die Gefühle, die sie erinnern konnte, waren Entsetzen, Fassungslosigkeit und völliges Unvorbereitet-Sein. Und das Gefühl keine Wahl zu haben und genötigt zu werden, einen Weg gehen zu müssen, den sie nicht gewählt hatte. Sie fühlte sich in dieser Entscheidung nicht eingeweiht, für sie geschah all das grundlos. Sie hatte das Gefühl, dass es ihr nicht gestattet war, allein auf die Welt zu kommen.

Diese Erinnerung brachte ihr die Erkenntnis, dass sie aus den vorgenannten Gefühlen heraus eine große, beharrliche Kraft entwickelte, stets auf ihrem Weg zu bleiben. Sie war immer, sobald sie sich für etwas entschieden hatte, nicht von ihrem Weg abzubringen. Eine einmal getroffene

Wahl setzte in ihr eine so große Kraft in Bewegung, die sie auch ausstrahlte, so dass es niemand mehr wagte, sich in ihren Weg zu stellen. Nur ganz mutige Menschen trauten sich und sie konnte lange nur empört und heftig reagieren, da es ihr schmerzvollen Stress bereitete, aufgehalten oder gefühlt vom Weg abgebracht zu werden.

Hier fand sie also eine Erklärung, dass sie so empfindlich reagierte, wenn sie das Gefühl bekam, aufgehalten zu werden.

Ihr nun verstandenes Geburtserlebnis kann sie als Offenbarung anerkennen, denn diese Erfahrung lässt sie beharrlich und eindeutig, gradlinig und kraftvoll ihren Weg gehen. Durch das Lösen des emotionalen Stresses, der zuvor an dieser Geburtserfahrung gebunden war, gelingt dies mittlerweile auch mit mehr Milde und Sanftmut.

Wir haben uns bereits vor unserer Geburt dazu entschieden, ein Leben auf der Erde zu führen. Wir haben beschlossen, bestimmte Erfahrungen zu machen und bestimmte Aufgaben zu erfüllen. Wir haben uns selbst dafür entschieden – und es dann wieder vergessen.

Wie ist es, per Kaiserschnitt in die Welt geholt zu werden? Ohne Ankündigung? Wie ist es, als Adoptivkind aufzuwachsen? Wie ist es, das kleine Kind zum Vater ziehen zu lassen? Wie ist es, die Erfahrung einer schweren Krankheit zu machen? Sobald wir anerkennen, dass wir diese Erfahrung machen woll(t)en, und dann in diesem Bewusstsein einfach nur Ja! dazu sagen, kann das Leben einfacher und leichter werden.

Es mag sein, dass diese Erkenntnis bei einigen von uns nur dazu führt, dass sich ein großes, friedliches, wissendes Gefühl in uns ausbreitet. Manche von uns können durch die Annahme dessen, was ist, aber auch ihr Leiden beenden, endlich richtig trauern und sich dann dem Leben neu zu wenden. Manche von uns lenken endlich den Fokus fort von dem, was sie alles erreichen wollten, und hin auf den entscheidenden Moment, in dem Leben und Sein stattfinden: das Jetzt!

Wenn wir unsere Geschichte mit allen darin Beteiligten bejahen können, sie als großes Gewebe betrachten, hergestellt aus vielen verschiedenfarbigen Garnen – hier ein türkisfarbener Seidenfaden, dort ein sandfarbener Wollfaden - bedeutet das Glück. Dann sehen wir unsere ganze Geschichte als Gewand, das von uns erzählt.

Anfang der 90er-Jahre lebte und arbeitete ich in Berlin. Für eine Kontrolluntersuchung suchte ich dort einen Arzt auf. Ich saß auf der Liege, er tastete meinen Bauch ab und stellte fest: „Sie kommen aus Westfalen!“ Verständnislos sah ich ihn an. „Wie meinen Sie das?“ – „Sie sind Westfälin, das sehe ich an Ihrem Knochenbau, so große und schwere Knochen kommen aus Westfalen.“

„Na, super!“ dachte ich, „Meine Herkunft ist unverkennbar, mein Arzt kann sie sogar an meinem Körperbau erkennen.“ Ja, ich stamme aus einer alteingesessenen Bauernfamilie aus dem wunderschönen Münsterland in Westfalen. Meine Familie und ich zeichnen sich durch Größe, sowohl horizontaler als auch vertikaler Art aus, durch große, breite Füße und Hände. Zierlich erscheinen meine Schwester und ich nur, wenn wir neben unseren Brüdern stehen.

Unsere Kinder annehmen

Wenn wir Ja! zu uns sagen können und uns annehmen als die einzigartigen Wesen, die wir sind, ist es auch viel einfacher, unsere Kinder anzunehmen. Ja! zu unseren Kindern zu sagen, bedeutet, ihnen zu erlauben und sie zu bestärken so zu sein, wie sie sind – so einzigartig, so besonders, so wundervoll. So geben wir ihnen den Freiraum, den sie benötigen, sich ganz so zu entfalten, wie es in ihnen veranlagt ist.

Oft passiert es, dass unsere Kinder die Eigenarten von uns widerspiegeln, die wir ablehnen. Oder gar die Gefühle mit Vehemenz ausdrücken, die wir vermeiden wollen zu fühlen. Eine gute Methode, mit der wir diesen Aspekten näher kommen können, ist es, uns zu beobachten, auf welche Verhaltensweisen wir genervt oder gereizt reagieren. Häufig - eigentlich fast immer - können wir von unseren Kindern lernen. Identifiziere das, was dich nervt. Zum Beispiel: „Mein Sohn ist so unkonzentriert.“ Und frage dich dann, ob du diese Eigenschaft von dir selbst kennst. „Er ist total bockig und lehnt alles ab.“ – Kennst du das von dir?

Hier hast du eine weitere gute Möglichkeit dich kennen zu lernen: im Spiegel deines Kindes.

Ist dein Kind still und zurückhaltend, spielt gern und viel für sich allein und hat kaum Freunde? Beunruhigt dich das?

Hast du Angst davor, dass dein Kind unbeliebt ist und ein Einzelgänger wird? Was spricht gegen Einzelgänger? Auf unserem schönen Planeten Erde gibt es so viele verschiedene Typen. Und dazu gehören die Draufgänger genauso wie die Einzelgänger, die Platzhirsche genauso wie die Powerfrauen, die Feingeister ebenso wie die Langsamen. Jeder darf und soll sein! Denn die Vielzahl von Typen ist es, die unsere Welt so schön bunt macht.

Sobald wir in Frieden sind mit uns als der oder die, die wir sind, ist es leicht, alle anderen auch anzunehmen als die, die sie sind. Für unsere Kinder ist die Akzeptanz ihres So-Seins, für ihre Entwicklung so ziemlich das Beste, was ihnen passieren kann. Wenn wir ihnen schon in Kindertagen vermitteln, ihnen zeigen können, sie fühlen lassen: „Du bist großartig und vollkommen perfekt, so wie du bist, mit allem, was dich ausmacht“, dann begleiten wir die Menschen, die einst unsere Zukunft in ihren Händen halten, bestmöglich.

Übung 10: Stärke dein Kind

Sag deinem Kind: „Du bist ganz, perfekt, stark, mächtig, liebevoll, harmonisch und glücklich!"

Sag es, sing es, verbinde die Worte mit Gesten und tanze diesen Satz zusammen mit deinem Kind, deinen Kindern, deiner Familie.

Freue dich an deinen Kindern! Freue dich an ihrer Einzigartigkeit! Freue dich, dass sie dir zeigen, was es bedeutet, Kind zu sein! Lerne von ihnen und ihrer Unvoreingenommenheit! Sage Ja! zu deinen Kindern! Sprich immer wieder dieses Wörtchen zu ihnen – in diesem Wort Ja! steckt so eine bestärkende und befürwortende Energie, die sich positiv auf die Entwicklung deiner Kinder auswirken wird.

Ja!

Mache dir bewusst, dass aus deinen Kindern Leute werden. Eines Tages, es geschieht ganz plötzlich, hast du es mit einem jungen Menschen zu tun, der dabei ist, die Kindheit hinter sich zu lassen. Ein Mensch, der sich aus der Kindheit schält, um sich als junger Erwachsener wieder zu finden. Diese Häutung, Schälung, Findung bringt möglicherweise viele Irritationen mit sich. Akzeptiere, dass dein Kind kein Kind mehr ist. Nimm es an, sag Ja! dazu, dass es sich weiterentwickelt und eine andere Behandlung braucht als ein Kind. Es kann sein, dass wir uns diese Zeit selbst schwer machen, indem wir verleugnen, dass unsere Kinder keine Babys mehr sind. Hier sind wir gefragt, die Verantwortung für unser Kind nach und nach immer mehr abzugeben.

Es freizugeben bedeutet, eine Anbindung aufzuheben, unser Kind zu ermächtigen, den eigenen Weg zu gehen. Ja!

Teil 3: Ja! zu allen Ebenen des Seins

Körper

Nimm deinen Körper an!

Beginne damit, deinen Körper anzunehmen, wie er ist.

Nicht so gern? Ach, die Nase ist zu groß, die Beine zu kurz? Die Hüften zu ausladend? Zu viele Augenfalten, die Haut zu trocken, die Augen zu schräg? Die Haare zu dunkel, zu grau? Ja, was denn jetzt? Was bedeutet denn „zu"? Zu viel? Zu wenig? Woran gemessen?

Einzigartigkeit wird in der öffentlichen Gesellschaft, was unseren Körper betrifft nicht wirklich favorisiert. Wir haben uns von Modefirmen und den entsprechenden Magazinen eine Haltung und Meinung zu Äußerlichkeiten eintrichtern lassen, die gar nichts mehr mit Individualität und Einzigartigkeit zu tun haben. Die Konfektionsgrößen, die der Einfachheit halber von der Bekleidungsindustrie ermessen wurden, veranlassen uns, uns als Abnorm, als jenseits der Norm zu betrachten. Eigentlich trage ich Größe 38, doch meine Beine sind zu kurz. An den Schultern brauche ich nur Größe so und so, doch mein Brustumfang ist weiter. Nicht wir sind verkehrt, sondern die Maßeinheiten gehen nicht auf die Vielseitigkeit unserer Körperstaturen ein.

Darüber hinaus wollen die verschiedenen Firmen, die im Auftrag der sogenannten „äußeren Schönheit“ unterwegs sind, uns weismachen, was uns alles fehlt oder was bei uns zu viel ist. Dabei kommt es doch tatsächlich einer Anmaßung gleich, wenn uns jemand, der uns und unsere Geschichte und Herkunft nicht kennt, sagen will, wie wir auszusehen haben, wie viel wir zu wiegen haben, welche Konfektionsgröße wir bei welcher Körperlänge im besten Fall zu tragen haben und auch wie wir essen sollen!

Doch damit nicht genug! Seit einiger Zeit können wir auch noch mithilfe von Spritzen oder eines operativen Eingriffs hier und da etwas regulieren lassen, so dass wir unsere sogenannten Problemzonen vernichten können. Hier und da können wir etwas absaugen lassen, Hautfalten zusammenlegen und bestimmte Körperteile unterpolstern und vergrößern lassen.

Wir, die wir uns abhängig machen von Äußerlichkeiten, haben hier wirklich den Schwarzen Peter gezogen, denn diese Abhängigkeit führt dazu, dass wir uns immer mehr von unserer eigenen Autorität entfernen und Außenstehenden die Macht über unser Aussehen geben.

Beim Thema Gesundheit setzt es sich fort: Auch hier gibt es durch neue Medien, Magazine etc. weit verbreitet Thesen, Diäten und Vorgehensweisen, die uns sagen, wie wir was wann essen und wann wir uns wie und wie oft bewegen sollen. Auch hier wird uns eine Norm vorgegeben, bei der wir uns selbst verlassen, wenn wir ihr folgen. Wir verlassen unsere innere Autorität und schenken anderen Glauben.

Dann, eines Tages, überkommt uns ein unendlicher Frust, und wir werfen kurzerhand alle guten Vorsätze über Bord. Plötzlich erliegen wir den angestauten, bis dahin kontrollierten Begierden und Süchten und unserer Faulheit. Wir trinken und essen alles, was uns Trost spendet und uns in die Quere kommt, setzen uns vor den Fernseher, am liebsten in leicht dehnbarer Kleidung und stellen schluchzend fest: "Ich muss mich jetzt mal verwöhnen!" Danach folgt umgehend wieder das bekannte schlechte Gewissen. Doch wo bleibt eigentlich der entspannte Genuss?

Diese zwischenzeitlichen Verstöße gegen die sonst so streng gelebten Ernährungs- und Bewegungsgrundsätze sind nur ein Zeichen dafür, dass hier etwas im Ungleichgewicht ist.

Wenn wir unseren Körper als großartigen, komplexen und wunderbaren Tempel unserer Seele begreifen, erkennen wir ihn als verdichtete Energieform, die uns hilft, auf Erden im physischen Sein zu leben. Wenn wir unseren Körper zunächst als solchen annehmen, öffnen wir ein Tor, durch das wir zu der Weisheit unseres Körpers gelangen. Falls es dir allein nicht gelingt, wieder in Kontakt mit dir und deinem Körper zu kommen, helfen dir viele wunderbare Methoden: Biodanza, Fünf-Rhythmen-Tanz, Feldenkrais, Shiatsu, Personale Leibarbeit nach Graf Dürkheim, Yoga und so weiter.

Wie anders kann es sein, wenn es uns gelingt, ein Gespür für unseren physischen Körper zu bekommen, ihn zu erfahren und zu erleben, tatsächlich sogar mit ihm in einen inneren Dialog zu treten? Was nehmen wir wahr, wenn wir uns voller Aufmerksamkeit in eine gewahrseinsreiche Kommunikation mit unseren Zellen begeben? Was ändert der Kontakt in uns?

Finden wir hierdurch einen Weg uns gesund, vital und schön zu erleben? Wie können wir in so einen Kontakt kommen mit unserem Körper, dass wir wahrnehmen, was ihm guttut. Diese Körperwahrnehmung ist uns angeboren, wir dürfen sie lediglich wieder erneuern und uns erinnern. Wie bei einem Radio können wir den Sender wieder eindeutig und klar einstellen, so dass wir gut „hinhören" können, was unser Körper braucht und wie wir uns und ihn unterstützen können.

Spüre in dich hinein, und frage dich: „Was brauche ich gerade?"

- Ausgiebige Laufrunde?
- Hinlegen und ausruhen?
- Essen?
- Trinken?
- Duschen?
- Massage?
- Singen?
- Musik hören?
- Berührung, Zärtlichkeit?
- Kuscheln?
- Und so weiter

Stille und Ruhe sind anfangs von großer Hilfe, um in einen inneren Dialog dieser Art einzutreten. Die Bedeutung von Stille rückt dankenswerterweise auch in unserer westlichen Welt immer mehr in den Mittelpunkt. Stille ist das Kleinod, die Kostbarkeit, in der alle Antworten zu finden sind. Machen wir uns bewusst auf in die Stille zu gelangen, erleben wir schon dabei etwas Lösendes, etwas Befreiendes. Der Weg in die Stille gelingt allein, jedoch auch in entsprechend ausgerichteten Gruppen. Über Stille zu sprechen und zu schreiben, ähnelt etwa dem Beschreiben eines leckeren Gerichts. Viel besser ist es, ihre Wirkung selbst auszutesten, sie „auszukosten“. Es bedeutet, sich von allem zu lösen und sich zu versenken, mit Wachheit und Bewusstheit still zu werden und ruhig zu sein.

> Anfang 2011 habe ich mich in eine mehrtägige Meditation begeben mit dem Titel „Dunkelheitsmeditation“. Mehrmals am Tag haben wir in einem absolut verdunkelten Raum für eine Stunde meditiert, dabei still mit offenen Augen gesessen. Ich habe die Erfahrung als sehr wertvoll empfunden. An meinem Körper konnte ich unter Anderem starke Entgiftungserscheinungen bemerken. Was mich jedoch besonders erfasst hat, dass die Stille durch die offenen Augen so sehr auch sichtbar wurde. Durch das tiefsamtene Schwarz, welches ich mit offenen Augen aufnehmen konnte, ließ ich diese dunkle Stille wie eine schwere, warme dickflüssige Masse in mich einströmen. So ließ ich Stille nicht nur in mir entstehen, sondern nahm sie auch auf. Zwei scheinbar

gegensätzliche Bewegungen finden sich und SIE breitet sich aus. Diese Meditation ist eine meiner Lieblingsmediationen geworden. Auch im seelisch emotionalen Bereich konnte die tiefe Stille wirken. Heilsam.

Für einen längeren Zeitraum zu schweigen, ermöglicht es dir, die eigene innere Stille zu finden. Zunächst durchquerst du das gedankliche Geplapper, aber mit der Zeit werden die Gedanken ruhiger und du kommst der Stille näher. Es eröffnet sich ein innerer Raum, in dem du ganz ankommen kannst, indem du dich in deinem Sein anlehnen kannst. Hier spielen Gedanken keine Rolle sondern nur das Dasein. Mehr nicht. Lass dich von Lehrern der Stille, wie dem Mönch Thich Nhat Than oder Anselm Grün inspirieren. Geh in eine Kirche in einem Moment, in dem kein Gottesdienst stattfindet. Die Stille ist ein Schatz, in dem dein Sein mit allen Antworten geborgen ist.

Sich ausreichend Zeit für Stille und Ruhe nehmen (und ich meine in diesem Zusammenhang nicht schlafen), ermöglicht es uns besonders gut, im Fluss des Lebens zu sein. Nun ist es auch ein Leichtes herauszufinden, was wir brauchen, Ja! dazu zu sagen und unserem Körper das zu geben, was er benötigt, um in einem gesunden Gleichgewicht zu sein. Genauso wie wir hoffentlich auf den Körper hören und entsprechend für ihn sorgen, wenn er sich entleeren möchte, können wir es bei allen anderen körperlichen Bedürfnissen auch tun. Wir kommen nämlich gar nicht auf die Idee, hier „Nein, ich will jetzt“ nicht zu sagen, weil unser Körper mit Schmerzen reagieren würde, wenn wir nicht rechtzeitig diesem Bedürfnis nachgingen. Jedoch gehen wir in Bezug auf andere körperlichen Bedürfnisse wie Ruhen, Trinken, Essen oder Schlafen leider nicht immer liebevoll mit unserem Körper um. Obwohl wir Durst haben, geben wir ihm nichts zu trinken, obwohl er müde ist, legen wir uns nicht zum Ruhen hin und so weiter.

Dies entspricht bedauerlicherweise ablehnendem Verhalten unserem Körper gegenüber, und kann, wenn es zur Gewohnheit wird, sogar als selbstzerstörerisch bezeichnet werden. Sobald du in einen inneren Dialog mit deinem Körper trittst, wirst du Botschaften von ihm erhalten. Sobald du ein Gespür für ihn erlangt hast und seinen Bedürfnissen nachkommst, können sich dein Körper und alle Zellen in Gesundheit, Vitalität und Schönheit ausdrücken.

Sei dir bewusst, dass du deinen Körper hast. Du bist nicht dein Körper, sondern dein Körper ist dein Lebenszuhause, dein Lebenssitz und auch dein Beförderungsmittel. Nur mit dem Körper können wir das alles fühlen, empfinden, uns fortbewegen, Zärtlichkeit und Berührung wahrnehmen. Ohne ihn geht das alles nicht – können wir die irdischen Genüsse samt leckerem Essen und Trinken nicht erleben.

Wir erleben, da wir einen Körper haben! So eine große Bedeutung hat er in unserem Leben. Das ist doch guter Grund, um ganz anders, neuer, tiefer und weiter in ständigem Kontakt mit ihm zu sein, oder?

Es ist deine Aufgabe und nicht die der Schönheits- oder Wellnessindustrie, dich angemessen um deinen Körper zu kümmern und dich durch ihn mit Antworten für deinen Alltag zu versorgen.

Im Laufe unseres Lebens kommen wir in Kontakt mit vielen Ideen, wie wir mit unserem Körper umgehen sollen und was wir alles für ihn tun können. Nimm diese Ideen als Sammlung von Möglichkeiten, die du hast und wähle das daraus aus, was deinem Körper guttut, was er braucht.

Es mag Zeiten geben, in denen jede körperliche Anstrengung, wie zum Beispiel Sport, deinen Körper schwächen würde. Das kannst du gut spüren. Wenn du diesem Gefühl nun nachgehst, wirst du deinem Körper helfen, seine Gesundheit zu erhalten. Solltest du jedoch gegen dein Gefühl handeln, statt deinem ureigenen Rhythmus zu folgen, wirst du dich unnötig schwächen. Du wirst auch wahrnehmen, wann es Zeit für deinen Körper ist, an die frische Luft zu gehen, und wann er richtig angestrengt werden will. Auch diesem Hinweis kannst du nachgehen und ihm genau das geben, was er braucht. Beispielsweise eine große Laufrunde oder schweißtreibende Gartenarbeit. Solltest du jedoch trotz der Bewegungslust auf der Couch sitzen bleiben, wird sich in dir bald Unzufriedenheit breitmachen, diese Unzufriedenheit ist die Antwort deines Körpers darauf, dass du seinen Hinweisen nicht nachgegangen bist.

Viele Menschen sprechen von dem sogenannten inneren Schweinhund - mir behagt der Ausdruck nicht. Wenn ich davon ausgehe, dass ich grundsätzlich im Gleichgewicht bin – und das möchte, ich möchte grundsätzlich vom Besten ausgehen! – dann weiß ich sowohl meinem natürlichen Stille-Bedürfnis nachzukommen, als auch meinem Bewegungsdrang Ausdruck zu verleihen. Weder für das eine noch für das andere benötige ich besondere Disziplin, sondern nur ein Gewahrsein dessen, was jetzt dran ist. Für Ruhe und Stille benötigen wir hier in unserer leistungsorientierten Gesellschaft manchmal allerdings eine Erlaubnis. Eine Erlaubnis, ohne krank zu sein oder zu schwächeln, zu entspannen, zu chillen und im Wachzustand präsent und ruhig zu sein. Üblich ist es, aktiv zu sein, produktiv und leistungsstark, erfolgreich und vital. Nichts tun, still sein, ausruhen ohne tief erschöpft zu sein, ist für sehr Viele undenkbar.

Ende 2009 reiste ich für einige Wochen nach Indien in ein großes Meditationsresort in Pune. Das ganze Jahr war voll und sehr angereichert mit unterschiedlichen Projekten, -mein erstes Buch erschien, verschiedene zeitaufwendige Firmentrainings und -coachings und das ganz normale Leben hatten mich an meine Belastungsgrenzen gebracht. Die Aussicht nun länger Urlaub zu haben, war fantastisch. Gleichzeitig hatte ich die Vorahnung, dass ich in Indien eine transformierende Erfahrung machen würde und etwas in mir „zerstört" werden würde, was dafür reif war. Vorort begab ich mich nach einer kurzen Nacht im Hotel zum sogenannten Welcome-Day. Hierbei wurden unter anderem eine Reihe der täglichen Aktivmeditationen vorgestellt. Bei der aktiven Morgenmeditation, die wir dann probeweise zehn Minuten mit den verschiedenen Phase kennen lernen konnten, wusste ich sofort, dass diese Meditation mich an die gewünschte Grenze bringen würde. Ich beschloss, diese Meditation für den Zeitraum meines Aufenthaltes mindestens jedoch 21 Tage lang jeden Morgen in der Gruppe zu praktizieren. Das hieß im Urlaub allmorgendlich um 5:15 h aufzustehen, um rechtzeitig zu 6 h im Resort zu sein.

„Bin ich eigentlich völlig bescheuert?“, musste ich mich bereits am zweiten Tag fragen und auch an den folgenden Tagen waren die ersten Worte, die ich an mich richtete eher verständnisloser Natur. Ein Mitarbeiter, Sujhan, der den Welcome-Day maßgeblich mitgestaltet hatte, sah gelegentlich nach mir und fragte mich immer mal wieder, wie es mir ging. Das tat mir sehr gut, ich fühlte mich inmitten der Riesenschar an Meditierenden persönlich betreut. Das Resort war wunderschön und das Angebot war riesig – mittags konnte vorm Essen ein Stündchen getanzt werden, laufend wurden unterschiedliche Meditationen angeboten. Und ich beschloss Anfang Januar einen Intensivmeditationstag einzulegen, beginnend um 6 h morgens und dann alle angebotenen Meditationen mitzumachen, es sei denn, sie würden sich überschneiden. Gegen Mittag saß ich in der Nähe des Cafés und Sujhan kam zu mir, legte freundschaftlich und begrüßend seinen Arm um mich und fragte wie es mir ging.

„Mein Körper tut mir weh, ich bin müde", selbst erstaunt über meine Worte, fing ich an zu weinen. „Nimmst du Mineralien, ruhst du dich genug aus, schläfst du ausreichend?" Ich musste irgendwie alles mit Nein beantworten. Er empfahl mir Papayas zu essen und eine Einzelsession in Rebalancing zu machen und fragte noch, was ich heute machen wollte. Ich berichtete ihm von meinem Entschluss den Intensivmediationstag zu machen. Er wich etwas zurück und blickte mich mit schräg gelegtem Kopf halb verächtlich halb amüsiert an und stöhnte: „You germans, you always have to perform. Can´t you just let go and do nothing?"

Auf Deutsch: „Ihr Deutschen, immer müsst ihr etwas leisten. Kannst du nicht einfach mal loslassen und nichts tun?"

Mich trafen seine Worte mitten ins Herz. Entsetzt über mich selbst, erkannte ich, dass ich aus reiner Gewohnheit heraus einfach in meinem Hochleistungsmodus geblieben war, aus dem ich ja aber im Urlaub spätestens entkommen wollte. Hier nahm nun die Tränenflut richtig Fahrt auf.

„Immer muss ich was tun, immer muss ich etwas leisten, immer fordere ich von mir mehr und mehr zu tun. Kann ich nicht auch mal nichts tun?"

Wow – das war starker Tobak und eine Erkenntnis, die mich länger mitnahm.

Ich begann mich und auch die anderen Menschen näher zu beobachten - Inder und Inderinnen fielen mir auf, weil sie langsam und ziellos umherschlenderten. Ich bemerkte, dass ich diese Haltung abwertete, in mir tönte es: „Nichtstuer“, oder „Haben die nichts zu tun?“ Und ich erschrak über mich selbst.

Da hatte sich in mir, ganz unbemerkt und unbewusst, den Menschen gegenüber, die nichts taten, eine Haltung meiner Familie eingeprägt, stellte ich unangenehm berührt fest. Dann konnte ich andere Deutsche und Mitteleuropäer beobachten die ähnlich wie ich, von Kurs zu Kurs eilten und immer dabei waren etwas zu tun.

Mir wurde schlecht.

Übel. Speiübel.

Ein ganzes Kollektiv hatten wir geschaffen mit unserem Anspruch an Produktivität, Leistung und Erfolg. Gab es auch in unserem Kulturkreis Zeit für das simple Sein. Wach sein, ruhig sein, still sein, feiern, freudvoll sein. Grundlos? Sitzen und nichts tun. Gehen ohne Ziel?

> „You always seem busy", sagte mir ein anderer Mann bei einer ersten Begegnung. Du scheinst immer was zu tun und es eilig zu haben. Hier konnte ich meine Schnelligkeit und den ewigen Handlungsbedarf als einseitig und extrem identifizieren. Mir wurde auch klar, dass ich mir keinerlei Sorge darum machen musste, faul zu sein. Ich musste meine Aufmerksamkeit viel mehr auf meine Selbstregulierung lenken und damit auf Pausen, Rast, Stille, Ruhe, Ausruhen, Nichtstun – all das war etwas, was ich nicht konnte oder nur schwer, oder nur, wenn ich krank war.

Hier in Deutschland sehe ich selten Menschen, die ziellos wirken oder langsam. Hastig und schnell und zielgerichtet verrichten wir unsere Aufgaben, gehen unserer Wege mit forschem Schritt und wollen die Dinge erledigen. Mit Muße, Langsamkeit und Bedächtigkeit können wir im Alltagsmodus kaum sein.

Diese Erfahrungen in Indien wurden erweitert in verschiedenen Kursen, die ich in Deutschland besuchen konnte. Dabei habe ich OSHO, den indischen Mystiker und meisterhaften Philosoph, nah in mein Leben gelassen. Durch ihn und seine Ansichten konnte ich viel lernen und immer mehr in mich horchen. Die Erlaubnis zur Langsamkeit, zur

Schwäche, zur Verletzlichkeit und zum Sanftmut hilft mir sehr, menschlicher, zugänglicher, weicher, sanfter und regulierender mit mir selbst und mit anderen Menschen zu sein.

Übung 11: Ja! klopfen

Wenn deine Liebe zu deinem Körper wächst und gedeiht, du ihn als dein Zuhause, Sitz deiner Seele annehmen kannst, wird es dir leichtfallen, deinen Körper mit vielen Ja!s zu versehen. Wandere mit deinen flachen Händen über deinen Körper und klopfe sinnbildlich das Ja! ein. Sage Ja! zu deinem Körper. Klopfe und streiche das Ja! das Annehmen in deinen ganzen Körper, sprich oder singe das Ja! laut aus. Beginne mit dem Klopfen an den Achselhöhen, klopfe die Innenseite deiner Arme hinunter bis zu den Händen, wechsele dann zur Außenseite deiner Hände und Arme und klopfe hinauf bis zu den Schultern. Dann wechsele die Seiten und wenn du bei den Schultern angekommen bist, klopfe sanft dein Gesicht, deinen Kopf, deinen Nacken, über Brust und Bauch, Hüften und Rücken, dein Gesäß, die Rückseite der Beine entlang bis zu den Füßen und die Vorderseite wieder herauf.

Da, wo du „Ja“ sagst und „Nein“ empfindest, sei besonders liebevoll zu deinem Körper. Diese Stelle oder dieses Körperteil braucht wohl mehr Zuwendung und Aufmerksamkeit. Kannst du diesen Teil sinnbildlich auf den Arm nehmen, trösten und wieder aufnehmen als ebenbürtigen Teil des Körpers. Vielleicht wirkt es besänftigend, ihn um Verzeihung zu bitten? Solltest du bemerken, dass dir diese Übung gut tun, dann baue sie vorerst täglich in deine Selbstzuwendungsübungen ein.

Sei in Frieden mit deinem Körper. Gib ihm zur rechten Zeit das, was er braucht, du wirst sehen, wie er sich ganz natürlich und selbstverständlich im Gleichgewicht hält. So verhält es sich auch mit der Nahrungsaufnahme. Es gibt unzählige Ernährungslehren und Diätpläne, die jeder für sich genommen, sicher mehr oder weniger hilfreich und gut sind.

Mir ist erst vor Kurzem aufgegangen, dass ich mich, wie wahrscheinlich viele von uns, mit viel zu vielen Diäten beschäftigt habe und viel zu viel beherzigen wollte, von dem ich gelesen hatte. Damit habe ich die Signale meines Körpers völlig übergangen und bin nach äußeren Regeln vorgegangen. Mit dem Erfolg, dass ich gleich zu Beginn des Jahres 2008 eine für mich besorgniserregende Gier nach Süßem hatte, die ich fast nicht stillen konnte.

Mithilfe einer kinesiologischen Kollegin konnte ich das emotionale Thema hinter dieser Gier aufdecken und balancieren. Rigoros musste ich mich von allen Diätlehren befreien, um zurück zu finden, zu meiner ganz eigenen Diät, = im Sinn von Ernährungsweise, die mir und meinem Körper gut tut. Ich wollte mich wieder ganz auf die Signale und Hinweise meines Körpers einstellen, Ja! zu mir sagen und zu dem, was ich zur Erhaltung von Gesundheit, Vitalität und Schönheit brauche.

Es war beachtlich, wie sehr ich mich von dem entfernt hatte, was mir mein Körper wirklich mitteilen wollte.

Spannende Sache! Im Kontakt mit dem eigenen Körper erfahren wir nämlich noch viel mehr als nur, was er essen und trinken will oder wie viel Ruhe und Bewegung er braucht. Er zeigt uns auch, wie und wo sich mentale und emotionale Themen verdichtet haben und auch, wie wir sie wieder lösen können. Eine gute Hilfestellung ist eine kinesiologische Sitzung.

Übung 12: Leite deine Energie

Wenn du bestimmte Körperstellen besonders wahrnimmst – das muss nicht zwangsläufig durch Schmerzen sein -, dann lege deine Hand oder beide Hände darauf, und nimm Kontakt mit dieser Stelle auf. Höre hin und spüre, was sich an dieser Stelle durch deine Aufmerksamkeit verändert. Nimm dir Zeit dafür, begib dich gedanklich an einen Ort, der dir behagt und sei mit deiner Aufmerksamkeit ganz bei dir und deinem Körper. Frag dich: „Was unterstützt mich hier?“

Lasse deine Hände in einer liebevollen Haltung dir selbst gegenüber auf dieser Stelle ruhen, und spüre dort hinein. Es kann sein, dass du nach einer Weile ein leichtes Pulsieren spürst – das ist die Energie, die du an dieser Stelle in Bewegung bringst. Das Pulsieren deutet darauf hin, dass du den Energiefluss hier wieder angeregt und mobilisiert hast – in den Urzustand zurückgebracht hast.

Viele von uns wissen, dass es uns immer wieder guttut, eine persönliche Auszeit zu nehmen, die wir damit verbringen können, in uns hinein zu spüren. Was braucht mein Körper jetzt? Unser Körper zeigt uns, wann ihm was am besten bekommt. Indem wir den Signalen nachgehen und ihnen angemessen antworten, wie zum Beispiel in dem wir schlafen, uns bewegen, schweigen, tätig sind, essen. Dann spüren wir, wie der Kontakt zu unserem Körper immer besser und die Antworten immer eindeutiger werden. Das kann uns vollkommen erfüllt fühlen lassen, da wir mehr und mehr unseren Bedürfnissen gerecht werden können und wir aufhören, suchend und unzufrieden durch die Gegend zu gehen. Im Fluss zu sein gelingt dann, wenn wir unserem inneren Uhrwerk folgen, unseren Bedürfnissen Aufmerksamkeit schenken, sie ermitteln und ihnen nachgehen und die gute Antwort darauf finden. Immer besser hören wir gleichfalls auf unsere innere Stimme. Für Ruhe ist Zeit, für Sein ist Zeit und für Aktivität ist Zeit. Alles hat seine Zeit, das wissen wir schon aus der Bibel.

Leben ist Bewegung

Unser körperliches System, unser Organismus, ist auf Bewegung ausgelegt. Auch wenn wir unseren Körper nicht direkt bewegen, spüren wir, dass in uns unendlich viele Gewebearten in Bewegung sind, nicht zuletzt durch unsere Atmung und den Herzschlag verursacht. Das Blut, unser Lebenssaft, strömt durch unsere Adern und Venen, unser Herz pumpt, die Lungenflügel dehnen sich aus und ziehen sich zusammen. Unser Körper, unser Organismus, bewegt sich, so dass alle Lebensfunktionen optimal zusammen arbeiten.

Wenn wir ganz still liegen oder stehen, können wir, obgleich wir uns nicht in Bewegung befinden, die vielen kleinen pulsierenden, strömenden, ausdehnenden und zusammenziehenden Bewegungen in unserem Körper erlauschen. Sogar Geräusche werden durch diese Bewegungen erzeugt; der Herzschlag, die Atem- und somit Lungengeräusche, das Gluckern im Magen und so weiter.

Wir wissen alle, dass durch die körperliche Bewegung, die wir aufnehmen, die Selbstheilungskräfte unseres Körpers unterstützt und gestärkt werden. Außerdem wird durch die bessere Durchblutung, die durch die Bewegung erfolgt, unser Vermögen für geistige Aktivität begünstig. Das Verharren in Bewegungslosigkeit führt, wie viele Mediziner bestätigen, dazu, dass man unter Umständen immer öfter in eine schwermütige oder depressive Stimmungslage gerät. Die Bewegung hingegen wirkt stimmungsaufhellend und lebensbejahend! Jede Bewegung und sportliche Aktivität wirkt sich auch auf unsere geistige Beweglichkeit aus. Das bedeutet im dynamischen, sich wandelnden Prozess des Lebens zu bleiben. Welche Bewegung magst du?

Schwimmen

Gehen

Wandern

Joggen

Tanzen

Fußball spielen

Tennis

Du hast sicherlich schon beobachtet, dass du vor der Bewegung in einen anderen emotionalen oder mentalen Zustand warst als danach. Bewegung führt zu einer Wandlung und Erneuerung. Ich erlebe dies vor allem beim Tanz und in Begegnung mit anderen Menschen.

Ein verfahrenes Streitgespräch, ein Beharren auf dem eigenen Recht oder ein Nichtweiterkommen bei einer Diskussion kann manchmal schon gelöst werden, wenn sich alle Beteiligten tatsächlich in Bewegung setzen – vielleicht einfach die Plätze tauschen, symbolisch die Position des anderen einnehmen oder sogar miteinander hinausgehen und einen Gang um den Block machen. In Bewegung kommen.

Meine Tochter und ich haben uns, wenn bei einem Disput die Fronten zu sehr verhärtet waren und keine harmonische

Lösung in Sicht war, kurzerhand an die frische Luft begeben. Bald schon, wir hatten noch keine 150 Meter zurückgelegt, wurde die Gangart beschwingter und wir beide hatten die Bereitschaft eine gemeinsame gute Lösung zu finden. Und ganz bald offenbarte sich die Lösung auch und erleichtert einigten wir uns. Versöhnlich miteinander zu gehen schafft Verbundenheit und Zuversicht, dass auch mit Meinungsverschiedenheit eine Lösung gefunden wird. Miteinander zu gehen kann also wie von Zauberhand die Stimmung verändern. Oft entwickelten sich aus unseren Streitgängen die schönsten Nachtwanderungen.

Alles stimmig!?

Mit unserer Stimme können wir uns nicht nur verbal ausdrücken, sondern uns im wahrsten Sinne des Wortes hörbar machen. Außer zu sprechen, zu flüstern, zu schreien und zu murmeln, können wir mit unserer Stimme etwas weiteres Einzigartiges. Wir können singen!

Wenn wir singen, nehmen wir automatisch Verbindung mit unserem Herzen auf. Singen ohne Verbindung zum Herzen ist nicht machbar. Singen öffnet das Herz. Falls du also bemerken solltest, dass du mit verschlossenem Herzen unterwegs bist und du wünschst dir dies anders, dann sing!

Gesang belebt die lebensbejahende Haltung und stärkt die Herzverbindung. Durch Singen und Summen verbinden wir automatisch beide Gehirnhälften und ermöglichen uns damit, ein breiteres Spektrum an Gehirnaktivität. Ein gesprochenes oder gesungenes Ja! sendet mit dem Ton unserer Stimme das Ja! aus. Gleichzeitig füllen wir uns mit dem Ton und der Kraft dieses Wortes an und erreichen damit jede Zelle in unserem Körper. Durch die Laute unserer Stimme senden wir diese Energie, die entsprechend zur Schöpfungsenergie fließt, aus. Probiere es aus und beobachte, wie du dich ganz körperlich dabei fühlst. Wie wirkt sich das Singen des Ja! emotional aus? Welche Veränderungen bemerkst du?

In Gemeinschaft Ja! zu singen hat noch eine weitere Wirkung: wenn viele Stimmen sich auf das Ja! einstimmen, entsteht eine enorme Energie der Verbundenheit, des Gleichklangs und der sanft anschwellende Gesang, vieltönig, doch eins klingend, eröffnet das Ja! eine Erfahrung auf der Ebene der Transzendenz.

An dem Tag, als ich erfuhr, dass dieses Buch erstmalig aufgelegt werden würde, besuchte ich abends ein Konzert, welches ich mit organisiert hatte. Der Künstler Peter Graf trat in unserer kleinen Kirche an der Burg mit seinem Gesang und seinen Perkussionsinstrumenten auf. Zuvor plauderten wir noch etwas und ich berichtete davon, dass nun dieses Buch über das Wort Ja! ins Leben kommen würde.

Kurz vor Ende des Konzertes, welches ganz außergewöhnlich und ergreifend war, begann Peter das Ja zu tönen und zu singen und lud das Publikum ein mit einzustimmen. Dies war ein großartiger, wunderschöner Abschluss eines beglückenden Tages für mich. Und auch das Publikum ging beseelt und glücklich nach Hause. Ja!´

Übung 13: Ja singen

Erlaube dir eine eigene Melodie zu finden, die das Ja! für dich singbar macht. Erschaffe eine Melodie, die dein Ja! trägt. Lass deiner Stimme Raum, um dieses kraftvolle Wort in dein Leben zu rufen und aus dir heraus in die Welt zu tragen. Bejahe deine Stimme und nimm sie als Ausdruck deiner gesprochenen Worte und deines Selbst an.

Vor einigen Jahren erlebte ich auf einem spirituellen Festival Gesang und Kreistänze. Herzenslieder mit der dänischen Künstlerin Pratibha zu singen, berührte und begeisterte alle Teilnehmer sehr. Es gelang ihr, uns mit ihrer Stimme unverzüglich in einen Zustand der Ergriffenheit und des tiefen Berührt-Seins zu versetzen. Selbst Menschen, die scheu waren oder glaubten, sie könnten nicht singen, öffneten sich bald und sangen inbrünstig mit. Zahlreiche Tränen flossen vor Rührung und aus dem Gefühl heraus verbunden zu sein.

Singen verbindet. Singen trägt dich ins Wesentliche. Singen ermöglicht Gesundung. Singen enthält eine große, heilsame Kraft.

Geist

Die Macht der Gedanken

Vielschichtig und facettenreich, so sind wir Menschen. Über unsere Gefühlswelt haben wir bereits im Kapitel „In Kontakt mit deinen Gefühlen" gesprochen. Den physischen Körper besprachen wir im vorangegangenen Kapitel. Außer dem physischen Körper und der emotionalen Ebene haben wir auch noch eine mentale Ebene.

Wir sind Seele.

Ich bin Seele.

Ich bin, das Ich-bin.

Ich bin nicht mein Körper, ich habe einen Körper.

Hier nun geht es um eine Ebene, die zu den sogenannten feinstofflichen Ebenen gehört, jenseits des zunächst Greifbaren liegt, jedoch im täglichen Sein erfahrbar ist.

Wir wissen alle, wie wir einen Schrecken manchmal in der Bauchgegend spüren können, und kennen auch die muskulären Verspannungen im Nacken, wo Verhärtungen durch übermäßige Disziplin ausgelöst wurden. Ebenso haben wir davon gehört, dass starre Gedankenmuster durchaus in Gelenken spürbar werden, die nämlich versteifen oder sich entzünden können. Es ist klar, dass wir die einzelnen Ebenen nicht voneinander getrennt betrachten können, sondern dass sie alle miteinander verbunden sind. Ganzheitlich.

„Handeln", „Tun", „Aktion" sind drei Wörter, die einen körperlichen Vorgang beschreiben, dem eine mentale Aktivität vorangegangen ist. Dieses Denken wird häufig durch Empfindungen motiviert. Der Entschluss morgens zu laufen, kann durch die empfundene Freude an der Frischluftbewegung entstanden und durch den Glauben unterstützt worden sein, dass es uns fit hält. Hier bringt uns das Gefühl Freude (Empfindungsebene)und unsere Überzeugung (mentalen Ebene) „Fitness ist gut für mich" dazu, etwas auf der dritten Ebene, der körperlichen zu tun.

Die mentale Ebene entspricht unserem Glaubenssystem und unseren Überzeugungen. Unsere Überzeugungen und unser Glaubenssystem bestimmen unser Erleben. Wir glauben, dass das Leben so und so funktioniert, und erschaffen durch unser Glaubenssystem, weitere Erfahrungen. Nicht umsonst sprechen wir von sich selbst erfüllenden Prophezeiungen; die Art und Weise wie ich auf etwas schaue, mit welcher Erwartungshaltung ich da bin, erschafft dann das folgende Erlebnis. Wenn ich also notorischer Unkenrufer bin und immer wieder äußere: „Das geht schief", werde ich diese Erfahrung auch machen und immer nur nach der Bestätigung dessen, nämlich, dass es auch ja irgendwie schief gegangen sein muss, Ausschau halten. „Es wird schon gut gehen“, funktioniert ebenso; ich bleibe zuversichtlich, dass es einen guten, sinnvollen Weg nimmt und entsprechend sieht meine Perspektive aus. Es wir schon gut gehen.

Unsere Äußerungen, manchmal unbewusst und unbedacht, machen die Art und Weise hörbar, wie wir auf das Leben schauen. Unsere Programmierungen beziehungsweise die Art, wie wir geprägt sind, werden hörbar. Unsere Wortwahl zeigt grundsätzlich viel von uns und auch der Ausdruck unserer Überzeugungen offenbart, wie das Leben funktioniert.

Beachte, die Energie folgt der Aufmerksamkeit. Wir gestalten und erschaffen durch unsere Betrachtungsweise das, was wir erleben und erfahren.

Unsere mentale Ebene ist die Schaltzentrale oder - um es einmal in der Computersprache zu formulieren - sie schreibt das Programm vor, nach dem wir unsere Realität gestalten. „Alles ist gut“, „Das wird schwierig“, „Alles wird besser“ oder „Es ist eben so, ich kann es ja nicht ändern“ und “es ist schon immer gut gegangen“. Dies sind alles Programmierungen, auf deren Grundlage wir die entsprechenden Erfahrungen machen.

Nun gilt es, das eigene Glaubenssystem anzunehmen und uns der eigenen Überzeugung bewusst zu werden. Das gelingt mit einem Ja! Mache dir bewusst, was du willst und welche Überzeugungen das Erreichen dieses Ziels fördert.

Und dann wechsle die ältere, nicht lebensrichtige und befördernde Überzeugung gegen eine aus, die dich stärkt und unterstützt.

> Eine Frau, die ich sehr gut kenne, hat schon sehr lange ein Glaubenssystem, das sie bei der Parkplatzsuche behindert. Ständig fragt sie: „Wo können wir denn parken?" Doch solange sie überzeugt sein wird, dass es schwierig ist, einen Parkplatz zu finden, wird es für sie schwierig sein, einen Parkplatz dort zu finden, wo sie ihr Auto lassen will.

Werde dir deiner Überzeugungen bewusst, indem du diesen Gedanken und Äußerungen beobachtest. Kannst du Ja! sagen zu dem was du denkst? Höre dir selbst genau zu und lausche deinen Gedanken. Weißt du, was du denkst? Weißt du, welche Bilder du dir ausmalst? Sind deine Gedanken durchdrungen von dem, was du dir wirklich für dein Leben wünschst? Beobachte deine Gedanken! Übe dich darin, zu betrachten, was du denkst!

Frage dich, ob du das wirklich denken willst. Erinnere dich: deine Gedanken erschaffen deine Realität! Kannst du die Frage mit Ja! beantworten? Wunderbar! Wenn nicht, denke das, was du denken willst, was du wirklich denken willst! Du erschaffst deine Gedanken, du denkst und lenkst deine Gedanken.

Du bist der Denker deiner Gedanken. Du wählst, was du denkst. Du kannst jederzeit deine Gedanken steuern. Dafür bedarf es lediglich deiner Aufmerksamkeit und die Bereitschaft es anders zu machen und zu üben. Sobald du feststellst, dass du etwas denkst, was dir unangenehme Gefühle bereitet, sag zuerst mal laut „Stopp!“ ,damit dieser Gedankengang unterbrochen wird und nochmal „Stopp“, wenn du bemerkst, dass das gedankliche Hamsterrädchen scheinbar von selbst wieder in Bewegung setzen will. „Was will ich wirklich denken? Wie sieht ein lebensrichtiger, konstruktiver Gedanke in diesem Zusammenhang aus?“

Kann sein, dass es erst mal Mühe kostet, aus dem alten Muster heraus zu kommen. Ja, mag sein, doch es gibt zahlreiche gute Gründe dies zu tun:

1. Du übst dich darin konstruktiv zu denken!
2. Du praktizierst selbstbestimmtes Denken!
3. Du schulst deine mentale Kraft, deine geistige Aktivität!
4. Die Resultate sind anders als das, was du bisher erdacht hast!
5. Und mehr!

Es ist erhebend auch in der eigenen Denkweise verantwortlich zu leben und die eigenen Gedanken zu lenken.

Unserer Vorstellungskraft sind keine Grenzen gesetzt und tatsächlich wird sie immer noch weithin unterschätzt. Sie ist ein hervorragendes Werkzeug unser Leben freudvoll und kreativ, gesund und vital gestalten zu können.

Mach dir ein Bild von dem, was du wirklich willst.

Im Geiste und auch ganz konkret: male es dir oder gestalte es in Form einer Collage.

Die Vorstellungskraft hilft uns darüber hinaus auch, uns mit Emotionen aus vergangener Zeit zu befassen und mit ihnen ins Gleichgewicht zurück zu finden. „Emotionale Ladungen“ nenne ich sie im kinesiologischen Zusammenhang und es sind nicht gefühlte, erstarrte Gefühle aus der Vergangenheit. Mithilfe eines kinesiologischen Werkzeuges das sich unsere Vorstellungskraft zunutze macht, können wir balanciert werden.

Wenn du dich mit einem Thema befasst, welches sich dir nicht gleich eröffnet, wie du es dir wünschst, kannst du dich zum Beispiel mit einem Lebensbegleiter treffen, der befähigt ist, dich auf der emotionalen Ebene zu begleiten. Als hilfreiches und lösungsorientiertes Werkzeug erweist sich die Visualisierung, durch die Stress gelöst werden kann. In einigen kinesiologischen Methoden und auch im NLP (Neurolinguistischem Programmieren)wird das Visualisieren entsprechend eingesetzt und erfolgreich angewendet.

Hiermit ist es möglich, genau die gleiche Wirkung zu erzielen, wie mit einer tatsächlich gemachten Erfahrung. Eine Situation, die wir gefürchtet haben oder fürchten, können wir in unserer Vorstellung so umgestalten, dass statt der befürchteten Geschehnisse das erlebt werden kann, was wir uns wünschen zu erleben. Wir können mit unserer Aufmerksamkeit starke Energie und Gedankenkraft in das Erleben lenken, was uns gut tut. So können wir in uns eine Erfahrung schaffen, die sich zwar von dem tatsächlich Erlebten unterscheidet – das können wir eh nicht mehr ädern –, die jedoch in uns ein verändertes Gefühl bereitet, von dem aus wir nun andere, bessere Erfahrungen machen können.

Das erneute daran Denken und detaillierte Ausmalen des schöneren, erdachten und visualisierten Erlebnisses verankert sich in uns als Erlebnis und tauscht das stressbeladene Erlebnis gegen eine gute Erfahrung aus. Um die gute Wirkung zu bestärken, beziehen wir ebenso unsere Gefühle mit ein. So schaffen wir uns durch mentale Aktivität eine Referenzerfahrung, die wir bisher nur auf geistiger Ebene gemacht haben. Und an dieser Stelle unterscheidet unser Gehirn nicht, ob eine Erfahrung tatsächlich oder nur mental gemacht wurde. Die Erfahrung auf geistiger Ebene wird dazu führen, dass wir tatsächlich solche Erlebnisse haben werden.

Fakt ist: Selbst die Visualisierung und die Verbalisierung dessen, was uns guttut, verändert augenblicklich unser Empfinden in der Situation und löst den emotionalen Stress. Das Aufnehmen der guten Energie, die bei der Vorstellungsübung in uns mobilisiert wird, sowie das gute Gefühl, führen zum gewünschten Ergebnis.

Als Coach begleite ich Kinder, Jugendliche und Erwachsene zu den unterschiedlichsten Themen. Das Visualisieren von dem, was sie sich für ihr Leben wünschen, egal ob für die Vergangenheit!!!, die Gegenwart oder die Zukunft, konnten alle als lebensverändernd erfahren! Ein in der Vergangenheit liegendes stressbeladenes Erlebnis kann durch die Visualisierung von den negativen emotionalen Gefühlen befreit werden, und so wird verändertes Verhalten in der Gegenwart möglich. Sorgen um die Zukunft können durch Visualisierungen in Zuversicht und frohen Mut verwandelt werden.

Übung 14: Visualisiere mit allen Sinnen

Mache dir ein Bild von dem, was du wirklich willst, füge so viele Details wie möglich hinzu: Welche Kleidung trägst du, welche die anderen Beteiligten? Wo bist du? In welchem Raum? Wie alt bist du?

Wenn du hier weitergehen magst, dann erforsche deine Gefühle in der damaligen Situation. Setze so viele Sinne wie möglich ein, um die Einzelheiten des Erlebnisses spürbar zu machen. Was siehst du? Was fühlst du auf der Haut? Was riechst du? Was fühlst du im Herzen? Was schmeckst du? Was hörst du?

In einer Sitzung mit einer Klientin entdeckten wir, dass die Ursache für ihre gegenwärtige Konfliktsituation kurz nach der Geburt lag. Wir fanden heraus, dass sie während dieser Zeit weder gestillt worden war, noch Körperkontakt zu ihrer Mutter gehabt hatte. Als Frühgeborenes war sie direkt in den Brutkasten gebracht worden.

Die Folgen solcher Erfahrungen gleich zu Beginn des irdischen Seins können sehr unterschiedliche Ausmaße haben und weitreichend sein. Es kommt häufiger vor, dass Menschen mit so einer Erfahrung, Stress fühlen mit Themen, die Nähe und

Distanz betreffen. Zudem stellen Kontakt und Berührung ab einem bestimmten Zeitpunkt eine sehr große Herausforderung dar und können stark mit negativen Emotionen behaftet sein.

Die Lösung für meine Klientin lag darin, dass sie sich ganz auf sich selbst, genauer gesagt auf ihren inneren Säugling einstimmte und sich während ich ihr mit meinen Händen Stirn und Hinterkopf hielt, vorstellte, wie sie in den Armen ihrer Mutter lag und gestillt wurde. Sie lag auf der Liege in meinem Praxisraum, eingerollt in Decken und stellte sich vor gestillt zu werden, beruhigt zu werden, Körperwärme und -kontakt, zu erfahren geliebt, gehalten und geborgen zu werden. Sie fühlte all das, saugte und trank diese Gefühle ein, bis sie gestillt war, erfüllt und sich endlich gesättigt hatte.

Auch wenn die Ursache für aktuelle Probleme weit in der Vergangenheit liegt, kann mithilfe dieser Techniken auf der emotionalen Ebene Frieden geschaffen werden. Dieser Frieden ermöglicht in der Gegenwart einen anderen, häufig offeneren und freieren Umgang mit sich, seinem Leben und der Umwelt. Meine Klientin kam mit dem Thema ein Problem zu haben, sowohl mit körperlicher als auch mit rein menschlicher Nähe.

Wir alle bedürfen dieser Nähe und brauchen es in Kontakt ganz körperlicher Art zu sein. Dies gehört zu unserem Menschsein dazu. Es ist also durchaus sehr erfreulich, frei von Berührungsängsten zu sein, zu werden, uns für Begegnungen zu öffnen und Nähe zu erlauben.

Die Klientin hat sich in der Visualisierung gesättigt. Ihr übergroßes Distanzbedürfnis wurde so balanciert und in ein gesundes Gleichgewicht aus Nähe und Distanz entwickelt. Ein Viertel Jahr nach dieser Sitzung lernte sie ihren jetzigen Mann kennen und lieben.

Unsere Augen sind sehr beweglich und liegen nah an unserem Gehirn. Aus dem NLP und der Kinesiologie wissen wir um die emotionalen Zusammenhänge zu den einzelnen Blickrichtungen sowie um die von Stressladungen. In einem Seminar mit Daniel Whiteside, Mitgründer von Three in One Concepts, erfuhren wir von ihm Folgendes: Immer, wenn wir uns geärgert oder irgendwie gestresst fühlen, können wir Ärger abbauen...

Übung 15: Ärger abbauen

...um aus diesem eingeschränkten Gefühl herauszukommen, mit aller Aufmerksamkeit ausschließlich durch unser linkes Auge schauen.

Dadurch mobilisieren wir Aktivität in unserer rechten Gehirnhälfte und entziehen so dem Ärger die Energie. Wir ziehen dem Ärger den „Stecker“ und beleben den Zustand des zeitlosen Gewahrseins. Zeitloses Gewahrsein bedeutet, dass wir uns augenblicklich zugänglich machen für eine Wahrnehmung, die jenseits von logischer Zeitenfolge oder analytischen Begrifflichkeiten liegt. Sie umfasst das Bewusstsein mit allem verbunden zu sein, eins zu sein und in Einklang mit sich und dem Leben zu sein.

Einmal in diesem geistigen Zustand angekommen, gelangen wir wieder in das Bewusstsein zurück, dass wir jederzeit die Wahl haben, so mit den Situationen und Umständen im Leben umgehen zu können, wie wir es wollen. Darüber hinaus wird das Ärger-Gefühl relativiert und wir können leichter mit der Situation umgehen. Wir befreien uns sozusagen aus den Fängen der emotionalen Ladung und nehmen wieder den uns angestammten Platz ein. Nicht die Emotionen bestimmen über uns, sondern wir sind fähig mit unseren Emotionen umzugehen.

Wenn wir noch einen Schritt weiter gehen wollen, können wir aus diesem Zustand des zeitlosen Gewahrseins heraus nun unsere vorangegangen Emotionen betrachten.

Bitte beachte, dass alles, was hier beschrieben ist, meine persönlichen Erfahrungen und/oder meiner Klienten wiedergibt. Hierzu gibt es meines Wissens keine wissenschaftlichen Forschungsergebnisse.

Alles ist Veränderung, Wandel

Alles wandelt sich, nichts bleibt, wie es ist. Der Morgen beginnt den Tag, mündet in den Vormittag, den Mittag, die Tagesmitte und vollstreckt sich im Nachmittag und im Abend, um in die Nacht zu gleiten. Ein Kreislauf, der stets in Bewegung ist und sich immer weiter dreht. Darüber hinaus sehen wir zeitlichen Wandel an unseren Jahreszeiten. Die fernöstlichen Gesundheits- und Lebenslehren sprechen von den fünf Wandlungsphasen, die allem Leben zugrunde liegen.

Die Kinesiologie beschreibt den Wandel anhand von fünf Elementen: Holz, Feuer, Erde, Metall und Wasser. Sie symbolisieren die Wandlungen in unserem Leben.

In allen Beziehungen, in allen dynamischen Prozessen finden wir diese Wandlungen. Wir wissen, dass es nicht immer nur um Wachstum geht und damit um die Qualität des Sommers. Was wäre unsere Natur ohne die Herbst- und Winterstürme (ich befinde mich, während ich dieses Buch überarbeite, auf der Insel Juist, Anno 5.12.2013 und der Orkan Xaver „stürmt" hier ziemlich gewaltig über das winzige Eiland) in denen der Wind alles Abgestorbene, nicht mehr Haltbare (hier gehören auch gerade die Dachziegeln dazu...) fortweht?

Wie kann Wachstum entstehen, wenn nicht zuvor gesät wurde? Wie sähen unsere Leben aus, wenn es nicht auch die introvertierten, zurück gezogenen Zeiten gäbe? Auch bei Ebbe und Flut wechseln passive und aktive Phasen einander ab. Jede Lebensphase findet sich in den Wandlungsphasen wieder:

Das Element **Holz** entspricht der Jahreszeit Frühling und steht für die im Wachstum begriffene Aktivität. Wir kennen das Frühjahr als Zeit des Säens und Bodenaufbereitens. Wir Menschen lieben diese Zeit, weil wir nun endlich wieder mit mehr und stärkerem Licht versorgt werden, viel mehr Zeit draußen in der aufblühenden Natur verbringen können und uns für die wärmere Jahreszeit bereit machen können.

Das Element **Feuer** entspricht dem Sommer und beschreibt den maximalen Aktivitätszustand. Wir leben bevorzugt draußen und freuen uns an unseren Gärten, der prallen Natur und all dem, was wir jetzt in voller Blüte betrachten können. Der Sommer ist heiß und so erklärt sich auch die Gratwanderung von Umtriebigkeit und Entspannung. Diese Hochphase findet wieder kurz vor Beginn einer ruhigeren Zeit statt.

Das Element **Erde** entspricht dem Spätsommer beziehungsweise dem Frühherbst. Wir befinden uns in einer Übergangsphase zwischen der Hitze des Sommers und einer Zeit der verminderten Aktivität und des Loslassens. Dies ist die Erntezeit, satt, ruhig und sicher.

Das Element **Metall** steht für den Herbst. Im Herbst fallen die Blätter, die Natur zieht sich zurück, lässt los um zu sterben. Zeiten des Rückzugs bedürfen wir alle - ob wir sie kennen, ob wir in ihnen eintauchen, hängt mit der Bereitschaft für Innenschau und Innenkehr zusammen. Das Vertrauen in die Wandlung und das Annehmen des natürlichen Lebensflusses kann es Menschen erleichtern in der dunkleren Jahreszeit anzukommen.

Das Element **Wasser** steht für den maximalen Ruhezustand und entspricht dem Winter, einer dunklen Jahreszeit, die uns veranlasst vor allem in unseren Häusern zu bleiben, Kerzen anzuzünden, in uns einzukehren, Geschichten zu erzählen und zur Ruhe zu kommen. Stille.

Auch unser Leben ist geprägt von diesem Wandel! Wie reich und erfüllt wird unser Leben, wenn wir sowohl das Säen, Behüten, Keimen und Sprießen als auch das Feurig-Extrovertierte, das Satte, Träge und auch das Losgelöst Sein, Läuternde und dann die Stille und Ruhe annehmen können und alle, dem Raum in unserem Leben geben können? Dieser gesunde, natürliche Kreislauf entspricht den Wandlungen in der Natur. Nichts bleibt, wie es ist. Das einzig Beständige ist der Wandel, die Veränderung. Was geschieht, wenn wir Wandlung nicht anerkennen? Was passiert, wenn wir sie annehmen? Wie unterstützt uns das

Mitfließen und Ja-Sagen zum Kreislauf. Hier gelangen wir in Frieden mit der Lebendigkeit des Seins.

> In einer Aufstellung wurde sichtbar, dass eine junge Frau eine wiederkehrende Todessehnsucht verspürte. Wir fanden innerhalb der Aufstellung heraus, dass sie Wut, Zorn und Groll vollständig ablehnte und diese kraftvollen Gefühle nicht fühlen wollte. „Auf keinen Fall." Die Wut, die jedoch als Emotion in ihr vorhanden war, hielt sie im Zaum und unterdrückte sie permanent, was dazu führte, dass sie überhaupt nicht mehr richtig am Leben teilnehmen wollte. Unsere Aufgabe war es, ihr den Sinn und die Kraft dieser scheinbar negativen Gefühle nahe zu bringen. Wir setzten die Wut gleich mit den Herbst- und Winterstürmen, die durch den starken Wind die Natur von allem Abgestorbenen befreit und mit einem Sommergewitter, das so herrlich erfrischend wirkt und die Luft klärt. So wie die Jahreszeiten sind auch unsere Gefühle und unsere Stimmungen dem Wandel unterworfen. Im Zuge dieser Aufstellung erteilte sie sich selbst die Erlaubnis all ihre Gefühle zu fühlen und für sie einen angemessenen Ausdruck zu finden.

Die Jahreszeiten ebenso wie die Wandlungsphasen als Analogien zu unserem Leben zu begreifen und ihre Qualitäten zu erlauben, unterstützt uns mit dem zu sein, was ist.

Ja, Leben und Sterben sind Teile desselben Spektrums des Lebens und keine Gegensätze! Beide gehören zusammen, es sind einfach nur Abstufungen, Schattierungen zweier Zustände, die nicht zu trennen sind.

Nicht nur das sogenannte Lebensende mündet in das Sterben, sondern Sterben findet täglich statt. Die Wandlung entlässt uns aus dem Früheren in das Spätere, also stirbt das Alte und macht dem Neuen Platz. Sterben heißt nicht immer Tod, Sterben bedeutet Wandel, bedeutet, eine neue, nächste Dimension zu betreten.

Manche Menschen fürchten das Sterben, den Tod und die Vergänglichkeit. Sie empfinden es als immer gegenwärtige Bedrohung, die durchaus dazu verleiten kann, das Leben selbst zu vergessen. Der Bann liegt auf dem Tod. Sinnbildlich wie das hypnotisierte Kaninchen sind sie fixiert auf diesen einen Aspekt. Ihre Lebenskraft und Vitalität wird ganz von der Angst eingenommen. Diese Fixierung entwickelt sich zu einem ausgeprägten Vermeidungsverhalten. Jegliche Veränderung wird abgelehnt oder beweint: „Schon wieder vorbei."

Wenn wir mit Aufmerksamkeit und Zeit die Natur beobachten, erkennen wir, dass der Sterbeprozess nur ein Teil des kosmischen Lebenskreislaufes ist: Fülle, Blüte, üppige Pracht, sich Loslösen, Faulen und dann Niedergang und Tod – um dann wieder neu und anders aufzuerstehen.

Seit ich denken kann, erlebe ich sowohl das Sterben als auch das Werden als Schwellenüberschreitung. Innere Bilder und das Wahrnehmen von Energiefeldern deuten mir an, dass nicht erst die Geburt oder die vorherige Schwangerschaft der Beginn eines Lebens ist. Auch der Tod ist aus meiner Sicht nicht das Ende, sondern eher ein Abschnitt, wenn auch ein großer Abschnitt. Wenn ich Menschen, egal wie jung oder alt, in die Augen schaue, kann ich etwas von der Ewigkeit entdecken, aus der wir alle stammen, der wir alle angehören und in die wir alle zurückkehren.

Die Geburt eines Kindes ist für viele von uns ein fast schon heiliges Erlebnis, das Wunder des Lebens. Der Entbindungsprozess ist sicher für viele Mütter ein einzigartiges, einmaliges und höchst intensives Erlebnis, das eine ungeahnte Flut an Glücksgefühlen auslöst. Bei mir wurde dadurch eine noch größere Ehrfurcht vor dem Leben und allem, was damit zu tun hat, geweckt.

Als 12-jährige erlebte ich die Krankheit und das Sterben meiner Großmutter. Dass sie auf die andere Seite gehen würde, war für mich nichts Bedrohliches oder Erstaunliches. Das, was mich jedoch besonders irritierte, waren die Reaktionen der sogenannten Hinterbliebenen. Und diese Reaktionen lösten in mir Beklemmungen aus, die ich nicht weiter untersuchen wollte. Damals.

Als 35-jährige durfte ich meinen schwerkranken Vater begleiten. Zusammen mit meiner Mutter, meiner Schwester und meinen Brüdern haben wir, darüber sind wir uns einig, eine sehr besondere, uns alle noch stärker verbindende Zeit erlebt. Diese nahe Begleitung hat auch mich an diese andere Schwelle des Lebens geführt – für mich war es wie eine Erlaubnis einmal durch die Schleuse zu schauen, durch die mein Vater schritt, in dem Wissen, dass er auf der anderen Seite warm und herzlich abgeholt würde. Für mich war das ein sehr intimes, persönliches Erlebnis, was mich dem Wunder des Lebens so nah brachte und welches gleichzeitig alle Menschen verbindet. Der Tod ist nicht das Ende! Er ist nur das Ende eines einzigen Aspektes des Lebens, so wie wir ihn eigentlich ständig erleben, sowohl durch die Jahreszeiten als auch durch die Lebensphasen, die wir beenden.

Übung 16: Stell dich deiner Angst!

Lass dich einladen, deine Sorgen oder Ängste vor dem Tod anzunehmen. Schiebe sie nicht fort!

Lade sie ein zu dir zu kommen. Mache einen Spaziergang mit ihnen und frage sie, was sie von dir wollen. Beginne ein Gespräch mit ihnen und schildere ihnen deine Bedenken. Und lausche hin, was von ihnen kommt – womöglich verwandeln sie sich?!

Spiritualität

Erweitere deinen Horizont

Wenn wir Ja! sagen, nicken wir oftmals. Die Bewegung, die wir dabei vollziehen, löst Aktivität im oberen Kopfbereich aus. Dabei ist es entscheidend, dass mittig auf unserem Kopf die Fontanelle liegt, die durch das Nicken aktiviert werden kann. Als Fontanelle wird ein Bereich des Schädels von Neugeborenen bezeichnet, der noch nicht durch die feste Struktur des Schädels geschlossen ist. Wenn du deinen Handballen auf deine Nasenwurzel legst, so dass deine Finger nach oben zeigen, und dann die Hand flach auf den Kopf legst, landet dein Mittelfinger ungefähr dort, wo deine Fontanelle war/ist. Im Yoga wird davon ausgegangen, dass diese höchste Stelle am Kopf uns mit den höchsten kosmischen Energien in Verbindung bringt.

Wie nimmst du deinen Kopf wahr? Kannst du ermessen was für ein riesiges Potenzial in deinem Kopf liegt? Spürst du deinen Kopf? Spürst du ihn auch, wenn er nicht schmerzt? Bist du dir bewusst, was in deinem Kopf so alles abläuft?

Wenn wir meditieren, kann es sein, dass wir dazu angeleitet werden durch die Spitze des Kopfes einzuatmen. Das ist die sogenannte Prana-Atmung. Sie unterstützt dabei, die Aufmerksamkeit auf unseren Kopf zu richten. Die

Energie folgt der Aufmerksamkeit. Was bewirkt es also, wenn wir mit unserer Aufmerksamkeit in und an unserem Kopf sind? Was beobachtest du, wenn du das tust?

Beim Kopfnicken bewegen wir die Mittelinie des Kopfes vor und zurück, runter und rauf. Auf der Mittellinie liegen laut der kinesiologischen Methode, mit der ich vorrangig arbeite, sogenannte Struktur/Funktionszeichen, manchmal äußerlich sichtbare Merkmale, die durchaus auf Wesensmerkmale Rückschlüsse bilden lassen. So eine menschliche Betrachtungsweise gibt es auch in der Physiognomie. Am Kopf bezeichnen wir diese Struktur/Funktionszeichen mit Intuition, Telepathie, Vision und darüber hinaus Originalität und Interesse.

Die Kenntnis über die Zusammenhänge wurden bei Three in One Concepts in einem Workshop „Louder than words" – Lauter als Worte vertieft.

Mit stärker ausgebildetem Zellverbund am vorderen Oberkopf, wird unsere **Intuition** stärker sein und wir handeln mehr aus inneren Impulsen heraus. Mit der Intuition erkennen wir, was wirklich da ist.

Es heißt, dass der hintere Oberkopf Sitz der **Telepathie** ist und das Tor zum Universum bildet. Sie ist eine natürliche neurologische Funktion und ermöglicht uns die Verbundenheit mit allem, was ist. Die Telepathie lässt uns wissen, was andere denken und fühlen. Die Herausforderung hierbei ist, das Gefühl, das wir telepathisch wahrnehmen zu unterscheiden von dem, was wir selbst fühlen. Die Telepathie sorgt auch für ein Gefühl der Verbundenheit und des Geborgenseins. Sie fördert das Gefühl „Ich bin nicht allein“.

Am Hinterkopf finden wir den Zellverbund für die **Vision**. Sie fokussiert deine Gefühle und erstellt ein Bild von dem was mit dir geschehen könnte. Die Vision von dem, was sein kann, gibt dir Kraft, dein Leben zu gestalten.

Die **Originalität**, die vorne an der Stirn angesiedelt ist, lässt dich die Grenzen überschreiten und ermöglicht es dir, gänzlich Neues zu erschaffen. Jeder Mensch hat diese Originalität in sich.

An der Stirn, in der Nähe des beginnenden Haaransatzes finden wir das **Interesse**. Dies gilt für Menschen, Dinge und Informationen mal mehr, mal weniger. Manche interessieren sich mehr für Informationen über etwas, andere wiederum interessieren sich für alles Menschliche und wieder andere haben vorrangig Interesse an Gegenständen. Interesse ist wichtig, erhält uns wach und aufmerksam.

Stärke deine Anlagen im Kopf, indem du sie akzeptierst und somit annimmst.

Das Ja! zieht an und das Nein! wehrt ab. In der Haltung des Annehmens entsprechen wir der Schöpfungsenergie und signalisieren Bereitschaft mit dem Leben zu sein. Nicht dagegen.

Mit!

Ein Nein! hingegen wehrt ab und erzeugt Widerstand. Der Widerstand führt zu Verhärtung, die sich auch auf der Körperebene manifestieren kann. Das Ja! in sich schwingen zu lassen, ermöglicht Weichheit und erlaubt den Wundern des Lebens zu uns zu kommen. Wenn wir unsere Abwehr aufgeben und uns dem Lebensstrom hingeben, eröffnen sich Möglichkeiten, auch neurologische, die wir kaum erahnen.

Es ist nicht immer von Bedeutung, dass wir wissen, wie etwas erfolgen muss. Wir entscheiden, dass wir bereit sind, uns dem Leben hinzugeben. Dieses Ja! ist ein Signal an das Universum, alles zu uns kommen zu lassen, was in Zusammenhang mit unserer Bereitschaft steht und uns zu unserem Besten gereicht: Fülle, Liebe, Glück.

Finde heraus, was dir Freude bereitet, finde heraus, was dein Herz zum freudigen Klopfen bringt, was dir das Herz aufgehen lässt. Finde heraus, was du wirklich gern tust! Und dann: Nicke mit dem Kopf, rufe aus Ja! und tu es!

Vom Annehmen der eigenen Göttlichkeit

Nehmen wir das Wort *Spiritualität* einmal wörtlich. *Spirit* stammt von dem lateinischen Wort *Spiritus*, was so viel bedeutet wie *Geist*. Man kann Spiritualität also verstehen als eine Art geistige Verbindung mit dem Geist des universellen Bewusstseins, der Existenz, Gott, Göttin, der Quelle, dem Nullpunktfeld, dem multivariablen Informationsfeld und so weiter. Es gibt viele Begrifflichkeiten, ich nenne es Gott.

Spiritualität ist die Anbindung an die geistige Welt, an das Göttliche. Eine Verbindung mit dem Göttlichen. Das Göttliche liegt in allem. Ich spreche von der Verbundenheit mit Mutter Erde und Vater Himmel, mit den himmlischen Welten. Spiritualität ist für mich, wenn ich anerkenne und annehme, dass ich Teil einer Verbindung bin. Ich stelle mir diese Verbindung vor als eine Senkrechte, in der ich verwurzelt bin in der Erde und ausgerichtet und geführt bin von den kosmischen, geistigen Welten, dem Himmel. Ich bin das Kind meiner göttlichen Eltern; Mutter Erde und Vater Himmel, ausgestattet mit allem, was sie sind, mit allem, was aus ihnen kommt, versorgt, genährt, getragen, geleitet und geborgen. So ist auch in mir die ganze Schöpfung enthalten. Und in jedem anderen Menschen. Jeder von uns kann seine göttliche Natur offenbaren, ausdrücken und leben. Unserer Göttlichkeit Ausdruck zu verleihen, ist der wahre Sinn unseres Lebens, der Sinn unseres Seins.

Ja! Sobald wir anerkennen, dass dieses einzigartige wunderbare Potenzial in uns angelegt ist, werden wir der göttlichen Führung in uns gewahr. Sie hält alle Antworten auf die Fragen bereit, die wir häufig zu beantworten suchen. Durch die Anerkennung unserer eigenen Göttlichkeit wird es einfach, der inneren Führung, der inneren Stimme zu vertrauen, zu lauschen und ihr nachzukommen.

Es kann sein, dass du jetzt fassungslos den Kopf schüttelst. Das kann daran liegen, dass versäumt wurde, dich an deine Göttlichkeit zu erinnern. Glaubst du, dass Gott etwas Fehlerhaftes erschaffen hat? Die ganze Schöpfung ist Ausdruck seiner Liebe und seiner Göttlichkeit. Also ist alles göttlich. Du auch! Für alle gilt: Sobald wir uns damit befassen und daran erinnern, werden wir unserer inneren Führung folgen können. Oft beginnt es einfach damit, dass wir auf unsere Körpersignale hören und ihnen Raum geben. Vertraue auf dein Bauchgefühl.

Darin, dass wir an das universelle Bewusstsein angeschlossen sind, finden wir die Quelle all dessen, was ist. Die Quelle, aus der wir hervorgekommen sind. Wenn wir uns an diese Quelle anschließen, ist es, als würden wir unseren Stecker in eine Steckdose stecken. Wir ermöglichen der Kraft aus der Quelle zu uns zu kommen, durch uns hindurchzuströmen und sich durch uns auszudrücken und zu verwirklichen. Die göttliche Quelle nährt uns mit ihrer Kraft. Diese Kraft wird uns zu Eigen und lässt uns aus tiefstem Herzen vertrauen. Wir wissen nun, dass wir alles tun können, alles erreichen können, was wir uns vornehmen. Alles! Und genauso SEIN, können wie es unserem Naturell entspricht.

In jedem von uns lebt der göttliche Funke, in jedem! Vielleicht ist der innere Blick darauf verstellt, vielleicht fehlt uns der Zugang zu dem Urgrund dieses göttlichen Funkens, doch meistens ist er einfacher zu finden, als wir glauben.

Sprich einfach aus: „Göttlicher Funke in mir", oder „Funke aus Licht" und spüre deinen Worten in dir nach – spüre, dass dieser göttliche Funken, dieser Lichtfunken etwas Lebendiges in dir ist und mit jedem Atemzug, den du nimmst, in dir entfacht werden kann. Frage dich: „Wie fühle ich mich, wenn ich den göttlichen Funken in mir entfache?"

Dankbarkeit

Bemerkst du es, wenn es dir gutgeht?

Merkst du, wenn alles gut läuft?

Kannst du es anerkennen, wenn dir Gutes widerfährt?

Bist du dankbar, wenn du gesund bist?

Sprichst du es aus?

Anerkennung ist von großer Bedeutung, denn durch sie lenken wir unsere Aufmerksamkeit auf das Gute in unserem Leben. Wie wir zuvor schon festgestellt haben: die Energie folgt der Aufmerksamkeit. Durch das Anerkennen des Guten, durch das Wahrnehmen dessen, was gut gegangen ist, entwickeln und etablieren wir Dankbarkeit in unserem Leben und lenken so die Aufmerksamkeit in unserem Leben auf das, was gut ist. Durch Dankbarkeit vermehren wir das, was gut ist. Die Anerkennung und Dankbarkeit, die wir empfinden, wenn unser Leben rund und beglückend verläuft, bewirkt, dass es so gut weiter gehen kann.

Sei deshalb dankbar für alles, was ist und was du hast! Nimm wahr, was dich bereichert und erfüllt, was dich erfreut, beglückt und segnet. Öffne deinen Blick für all das! Dadurch wird sich dein Leben glücklicher und freudvoller gestalten.

Das funktioniert bei allem, ob du es wahr haben willst oder nicht. Viele von uns sind sich dessen schon bewusst und entscheiden sich dafür, ihre Gedankenkraft bewusst und mit Absicht einzusetzen.

Wenn ich mir nun dauernd Sorgen über dieses oder jenes mache, richte ich meine Aufmerksamkeit auf diese Sorge. Wo lenke ich so die Aufmerksamkeit hin? Dadurch werde ich das, worum ich mir Sorgen mache, über kurz oder lang in mein Leben ziehen. Nutze ich im Gegenteil meine Aufmerksamkeit dazu, mich über das zu freuen, was an schönen Dingen in meinem Leben ist, und dankbar dafür bin, so werde ich, durch das Gesetz der Anziehung von den schönen Dingen mehr in mein Leben holen.

Das Universum reagiert da ebenso wie wir. Wenn wir jemandem ein Geschenk bereiten und der Beschenkte wehrt es ab und sagt, das wäre doch nicht nötig gewesen, fühlen wir uns bewusst oder unbewusst zurückgewiesen. Das nächste Mal werden wir uns dieses Unwohlsein nicht wieder bereiten und wahrscheinlich wirklich keine Mitbringsel oder nur mit halber Freude ein Mitbringsel dabei haben.

Wenn wir nun ein Geschenk überreichen und der Beschenkte freut sich, jauchzt womöglich und zeigt mit reibenden Händen, strahlendem Gesicht und vielleicht sogar mit einem Freudensprung, dass er sich freut, werden wir diese Reaktion sicher als beglückende Erfahrung abspeichern, die wir wahrscheinlich wiederholen wollen. Wiederholen – Freude wollen wir wieder holen.

So ähnlich können wir uns das auch auf göttlicher Ebene vorstellen. Es wird uns das, worauf wir unsere Aufmerksamkeit richten, zurücksenden. Auch ein Lächeln kommt an. Ich freue mich, ich kann gelassen, entspannt und vertrauensvoll sein.

Also freue dich und zeig es auch, wenn dich etwas freut! Dies ist das äußere Zeichen von Dankbarkeit und der Schenkende und das Universum werden dir diese Freude gern wieder und wieder bereiten. Das tun wir übrigens alle gern: Freude bereiten!

> Auch wenn ich draußen bin, in der Natur, im Wald oder gerade vorhin noch am sturmgebeutelten Strand auf meiner Lieblingsinsel Juist, bin ich in Kontakt mit meinem Körper, mit den Elementen, der Natur, der Luft, dem Wind und allem um mich herum. Dieser Kontakt löst eine Woge an Dankbarkeit für all das: für meinen Körper der mich trägt und bewegt und mir so ermöglicht in der geliebten Natur zu sein. Ich sehe die Natur bei welchem Wetter auch immer, wie sie sich verändert und immer wieder Neues hervorbringt und offenbart und oft, sehr oft, sage ich: „Vater Himmel, Mutter Erde, wie wunderbar ist dies alles!“ manchmal scheint mir, dass mein Entzücken darüber beantwortet wird; durch immer noch schönere Naturbilder, Momente oder farbenfrohe Aussichten. Hier auf der Nordseeinsel kann ich immer wieder feine und auch gewaltige Unterschiede im Farbspiel durch Sonne, Wolken

und Regen, Schnee und Hagel ausmachen. Vollkommen fasziniert bin ich von der Schöpfung.

- Danke, dass ich das sehen kann.
- Danke, dass ich die Sonne und den Wind auf meinem Haupt spüren kann, ebenso wie Regen, Hagel und Schnee!
- Danke, dass sich der Wind in meinem Haar verfängt!
- Danke!

Wofür bist du dankbar?

Was hast du heute schon geschenkt bekommen? (ich: von Christine ein Teelichtglas, von Leonie heute zum Nikolaustag ein selbstgebackenes Kekshäuschen und von Brigitte selbstgemachte Marmelade, von der Schöpfung einen gewaltigen Strandblick und extrem starken Wind)

Kannst du die Geschenke des Lebens sehen?

Kannst du auch dankbar sein für die scheinbar selbstverständlichen Dinge (ein Dach überm Kopf, eine warme Dusche?)

Schlusswort

Wenn wir Ja! sagen und das Festhalten - beziehungsweise Nein! sagen aufgeben, wird dies unser Leben erleichtern. Wenn wir Ja sagen können, machen wir uns die Kräfte, die da sind, zunutze. Wenn wir Ja! zu uns sagen, öffnen wir der Liebe für uns selbst die Tür, was uns ein Lächeln ins Gesicht zaubert, das uns auch auf andere anziehender wirken lässt. Auch unsere Mitmenschen können dann Ja! zu uns sagen. Lebensfreude wird aktiviert.

Ja! zum Leben zu sagen, bedeutet sich in den großen Strom des Seins, des universellen Bewusstseins zu begeben, zu erspüren und zu erfassen, was durch uns ins Leben will. Ja! bedeutet, eine instinktive Sicherheit für sich selbst, die eigenen Talente und Fähigkeiten zu bekommen und sie in den Lebensstrom einzuspeisen und uns selbst zu geben. Voller Freude und Liebe!

- Ja! bedeutet Hingabe an den Lebensstrom mit allem, was uns ausmacht.
- Ja! bedeutet das Leben anzunehmen, mit all seinem Reichtum und seiner Fülle
- Ja! Ist der Ur-Ton der Schöpfung. In allem, was ist, schwingt und singt das Ja! – voller Freude.

Und es tut gut, Ja! zum Glück zu sagen, denn damit lade ich das Glück ein, immer wieder bei mir einzukehren.

Es ist immer da, und gleichzeitig erschaffe ich es mir, ziehe es zu mir. Auch dadurch, dass ich Ja! zum Glück sage und es damit bestätige. Ja, ich habe Glück und sage Ja! dazu!!!

Wenn wir Ja! sagen und annehmen, was jetzt in diesem Augenblick ist, dann begreifen wir auch, dass wir immer alles bei uns haben, was wir benötigen. Dann sind wir in der Lage, aus ganzem Herzen zu genießen, was uns vom Leben, von der Existenz, von Gott in Hülle und Fülle gegeben wird.

Mach die Augen und die Ohren auf, und lass all das, was um dich herum ist, zu dir kommen. Erlebe JA! mit allen Sinnen, und komme so in deine Mitte.

Das ist der Moment, in dem du weißt: Alles ist gut!

Mein Dank...

...gilt den vielen Menschen die gern das Buch gelesen haben und/oder gehört. Denen, die mir detaillierte Rückmeldungen zu den ersten Auflagen des Buches gegeben haben und dieses kleine Werk dadurch anerkannt haben. Klienten, die sich mir in meiner Praxis anvertrauen, Menschen die zu den Lesungen kamen und kommen und Welche die einfach so eine Karte oder einer Email schrieben und sich bedankten, dass ich dieses Buch in die Welt gebracht habe. DANKE!

Insbesondere danke ich

- Christine, die die Überarbeitung sorgfältig geprüft hat und mir liebevoll und kritisch Rat geschenkt hat. Immer.
- Marion, Monika und Reiner die ebenso ganz eingetaucht sind in meine Schreiberei und von denen ich gleichfalls bestärkende Rückmeldungen bekam.
- Kamilla und Martin die immer wieder von ihren Erfahrungen mit der Bedeutung des Buches berichten – auch euch danke ich von ganzem Herzen.
- Nicole und Joachim denen das Entstehen des Hörbuches auch zu verdanken ist.

Ihr Leser und Leserinnen seid es, die die Möglichkeit einer Überarbeitung und Erneuerung des ersten Werkes in mir hervorgerufen haben. Und ihr Leser und Leserinnen seid es, denen dieses Buch liebend gern eine Bereicherung sein soll!

Alle Übungen

Übung 1: Kontaktaufnahme

Spüre bewusst das Buch in deinen Händen, das du gerade liest. Sei dir der Umgebung bewusst, in der du sitzt, liegst oder dich räkelst. Nimm wahr, wer noch im Raum ist, spüre deinen Körper. Durst? Hunger? Ist dir warm? Findest du eine Stelle in deinem Körper, die sich ganz und gar wohlig fühlt?

Beobachte deinen Atem. Atme bewusst tief durch die Nase ein, beobachte den Luftstrom der Atemluft, soweit es dir möglich ist. Halte für einen Moment die Luft an, dann atme langsam durch den Mund wieder aus, beobachte auch hier die Atemluft. Wiederhole das bewusste Atmen einige Male.

Wenn du auf deinen Atem achtest, kannst du nur im Jetzt sein.

Jetzt, in diesem einzigen aktuellen Moment.

Da du dich jetzt spüren kannst, bist du glücklich?

Auf jeden Fall beginnst du jetzt mit dir Kontakt aufzunehmen und damit bist du jetzt mit dir verbunden. Diese Verbundenheit wird dich spüren lassen, dass du geborgen bist und im tiefsten Grunde aufgehoben in den Händen der Schöpfung.

Übung 2: Ja! versus Nein!

Stelle dich einfach mit beiden Füßen fest auf den Boden. Spüre für einen Moment deinen Körper, wie er sich gegenwärtig anfühlt, und wenn du alles wahrgenommen hast, sprich laut aus: „Ja!“ Spüre, was dieses „Ja!“ in deinem Körper auslöst.

Probiere das Gleiche mit einem „Nein!“ Was stellst du fest?

Üblicherweise ist bei dieser Übung ein deutlicher Unterschied zu bemerken. Das Ja! löst etwas Stärkendes, manchmal Fröhliches aus, während das Nein! schwächt. Und manchmal wirkt es sogar bedrückend, klein machend.

Also löst du bereits bei dem Gedanken Ja! etwas in deinem System aus, nicht nur in deinem Körper, sondern auch in deinem mentalen und emotionalen Feld.

Übung 3: Ja! sagen

Beginne den Tag mit einem lauten, den Morgen begrüßenden Ja! Und mache gleich weiter, indem du in den Spiegel blickst und – egal, wie du dir selbst entgegenschaust – „ Ja!“ zu dir sagst. Und: „Guten Morgen, du siehst gut aus!“

Setze den annehmenden Anfang im Tagesverlauf fort, und wenn du auf dem Weg zu Arbeit bist und dich in negativen Gedanken verlieren solltest, sag einfach laut „Stopp, hab mich vertan!“ und „Ich bin Ja!“ Vielleicht kreierst du dir einen Song oder ein ganz eigenes Ja-Ritual, ganz wie du es magst.

Übung 4: Reise ins Ich

Wenn es dir schwer fällt, das in deinem Alltag zu tun, kann ich dir folgendes Vorgehen empfehlen. Ich habe es selbst ausprobiert.

Ziehe dir witterungsgemäße Kleidung an, packe deinen Rucksack, indem du alles verstaust für die Zeit, die du dir jetzt zur Erkundung deiner selbst nehmen wirst – und dann mache dich auf, bepackt nur mit dem, was du wirklich brauchst (du wirst es bei dir tragen müssen). Mache dich auf den Weg zu dir selbst! Auf diesem Weg zu dir selbst gehst du allein. Du nimmst niemanden mit. Es kann sein, dass du auf deinem Weg Begleiter triffst. Lasse sie dich bereichern und bereichere du sie. Du fragst dich, wie? Keine Sorge: Das wird automatisch geschehen.

Durch die körperliche Bewegung kann auch die geistige Ebene zunächst in Bewegung kommen. Eingefahrene Gedankenmuster, Hamsterräder oder sich ständig drehende, jedoch nicht mündende Grübeleien kommen in Bewegung und können so einer neuen Ordnung entgegen gehen. Dabei wirst du, dein Selbst zur Ruhe kommen. Über einen längeren Zeitraum zu wandern, kann ermöglichen, dass du dir selbst einen neueren, erweiterten Zugang in deine Innenräume erschaffst. Es wird möglich, dass du auf den Grund deines Seins tauchen kannst. Dabei wirst du dich wahrscheinlich neu kennen lernen und auch eine Stille finden, die sehr bedeutungsvoll sein kann. Du wirst in Kontakt mit deinem Wesen kommen.

Stille Freude und gute Reise!

Übung 5: Umgang mit Emotionen

Gehe deinen Gefühlen auf den Grund. Frag dich „Was fühle ich? Woher kenne ich das Gefühl? An was oder wen erinnert es mich?“ Lass die inneren Bilder und Gefühle in dir auftauchen und aufsteigen und wenn möglich, nimm sie einfach so an, wie sie kommen.

Eine kinesiologische Korrektur unterstützt diesen Prozess. Sie stammt aus dem Three in One Concept-Kurs „Tools of the Trade“* und heißt „Ich fühle/ich bin“*. Ich habe sie als überaus wirkungsvolle und sehr effektive Stresslösetechnik kennen gelernt; bei mir und bei meinen Klienten. Bei ihr werden die Stirn und der Hinterkopf gehalten bei zeitgleich erfolgenden bestimmten Augenbewegungen und laut ausgesprochenen Sätzen. Dies ist eine sogenannte Korrektur im kinesiologischen Kontext.

**Vgl. Stokes, Gordon/Whiteside, Daniel: Tools oft he Trade. Kirchzarten 2001.* (Workshop Skript)

Schritt 1:

Stelle dich hin und halte dir mit einer flachen Hand die Stirn, sodass die Stirnbeinhöcker (auch als positive Punkte bekannt) durch deine Hand berührt werden. Die andere Hand legst du auf die Wölbung deines Hinterkopfes.

Wenn die Stirn berührt wird - so können wir stark vereinfacht sagen -, wird durch die Wärme unserer Hand die Aufmerksamkeit auf einen Bereich unseres Gehirns gelenkt, der für das bewusste assoziative Denken steht. In der einen Gehirnhälfte findet logisch-analytisches Denken statt, während auf der andern Seite das kreativ-musische Denken erfolgt. Durch die warme Berührung, lenken wir Aktivität aus dem hinteren Schläfenlappen und gleichzeitig aus den stressbeladenen Emotionen nach vorne, wo das bewusste Denken stattfindet. Wenn wir den Hinterkopfbereich halten, lenken wir durch die Wärme unserer Hand Energie in das visuelle Zentrum. So gelangt die Energie aus der Emotion heraus in einen Bereich, von dem aus wir klarer sehen.

Das Stirn- und Hinterkopf Halten hat überdies eine beruhigende Wirkung. Bei uns selbst und bei unseren Lieben, zum Beispiel Kindern, Partnern, der Freunden etc.

Schritt 2a:

Nun sprichst du den Satz beginnend mit „Ich fühle…“ laut aus. Zum Beispiel „ich fühle mich verlassen!“ oder „Ich fühle mich ängstlich!“ Erlaube dir das, was du sagst, wirklich zu fühlen. Atme tief. Wiederhole den Satz und die tiefe Atmung, während du nacheinander folgende Blickrichtungen einnimmst:

Schritt 2 b:

Deinen Kopf hältst du still. Beginne deine Augen eine liegende Acht malen zu lassen. Dabei beginnst du in der Mitte und malst mit der Blickrichtung von dort nach oben rechts die erste Hälfte, dann geht dein Blick nach unten und wieder zurück in die Mitte. Von dort nach links oben einen Kreis ziehen und dann nach unten, um anschließend wieder in der Mitte anzukommen.

Dann visualisiere neun Punkte:

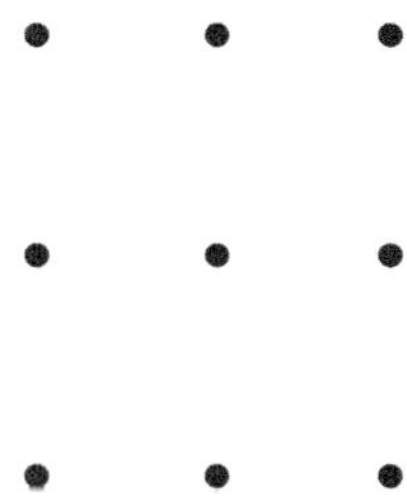

Und folgen ihnen mit deinen Augen: von der Mitte nach oben und dann weiter im Uhrzeigersinn.

Lasse deine Augen kreisen und achte dabei darauf, dass du sie weit dehnst. Anschließend rolle sie zurück – gegen den Uhrzeigersinn. Wenn du wieder in der Mitte angekommen bist, atme tief durch die Nase ein, löse deine Hände vom Kopf und atme durch den Mund aus. Jetzt hast du bestenfalls umfassend dein Gefühl integriert, anerkannt und angenommen.

Schritt 3:

Im nächsten Schritt kannst du nun bewusst in den gewünschten Geisteszustand gelangen. Stelle hierfür dem „Ich fühle...“ ein „Ich bin ...“ gegenüber, das genau das ausdrückt, was du sein willst, im Zusammenhang zu dem vorgenannten nun integrierten Gefühl.

Achte darauf, dass du eine eindeutig positive Formulierung wählst, denn unser Unterbewusstsein kann kein Nein verwerten. Deshalb wirken Formulierungen wie „Ich bin nicht mehr ängstlich“ nicht. Was bei deinem Unterbewusstsein ankommt, ist nur: „ Ich bin ... ängstlich“ Hier ist es von entscheidender

Bedeutung, dass du stattdessen beispielsweise sagst: „ Ich bin sicher“, oder „Ich bin vertrauensvoll“.

Diesen Satz sprichst du nun laut aus und wiederholst ihn, während du gleichzeitig Stirn und Hinterkopf, wie zuvor beschrieben, hältst und mit den Augen eine liegende Acht malst, usw.

Übung 6: Dialog mit sich selbst

Um mit sich selbst in einen einfühlsamen inneren Dialog zu treten, ist es hilfreich, zur Ruhe zu kommen. Suche dir einen ruhigen Platz, an dem du allein sein kannst. Bringe dich durch einige tiefe Atemzüge ganz in Kontakt mit deinem Körper, komme in dir an. Fühle, wie du liegst oder sitzt oder stehst, mit welchen Körperteilen du in Kontakt mit Boden oder Sitz oder Liege bist und spüre dich im Kontakt mit der Unterstützung. So komme ganz in dir und deinem Körper an.

Dann erforsche dein Fühlen. Was fühlst du in deinem Herzen? Zum Beispiel: Leere, Beklemmung, Dankbarkeit, Freude, Begeisterung, Stille... vielleicht verlassen, übersehen, getrennt?

Probiere es, dein Gefühl in deinem Körper zu verorten. Wo fühlst du es? Lege deine Hände auf diese Körperstelle und schenke dem Gefühl und dem Körperteil so deine Aufmerksamkeit, verstärkt durch die Wärme deiner Hände.

Wenn du weiter forschen magst, frage dich: „Woher kenne ich das ... Gefühl? Woran erinnert es mich?“

Beginnen wir mit solch einer Selbstreflexion, steigen bald Bilder oder Erinnerungen in uns auf, die mit der Situation aus früheren Tagen zu tun haben, in der wir ähnlich gefühlt haben. So schulen wir unser Bewusstsein und integrieren Teile von uns. Auch hier gilt es nur Ja! zu sagen: „Ja, du Gefühl gehörst zu mir."

Über die Erinnerung an frühere Erlebnisse, in denen wir Unangenehmes gefühlt, jedoch dann verdrängt haben, hinaus, gibt es eine weitere hilfreiche Frage für die Selbsterkenntnis und die Ausdehnung des Bewusstseins über sich selbst:

„Wann behandele ich mich selbst so?" (wenn ich mich verlassen fühle oder übersehen.)

„Wann übersehe ich mich?" Wie gehe ich selbst so oder so mit mir um? Wie behandele ich mich nebensächlich?

Sollte also die Bereitschaft bestehen, wirklich bei uns selbst zu forschen und nachzuschauen, kommen wir an einen bedeutungsvollen und entscheidenden Punkt. Hier ist nämlich der Schalter, den wir selbst bei uns betätigen können und hier liegt die Verantwortung, die jeder für sich selbst übernehmen kann, um in das Bewusstsein zurück zu gelangen, wählen zu können.

Wählen zu können, wie ich im Leben bin und wie ich mit den Gegebenheiten umgehen will!

Meine Wahl, die Beziehung, die Situation, die Partnerschaft, die Freundschaft, die Arbeit konstruktiv und kreativ mit gestalten zu können, gibt mir mein Aufgerichtet-Sein und meine Würde zurück.

Diese kleine Frage also, führt zu Selbstreflexion, stärkerem Bewusstsein und Integration.

„Was fühle ich?“

Übersiehst du deine Gefühle und gehst ihnen nicht nach, zeigt sich das in deiner Haltung. Diese Haltung strahlst du aus und diese Ausstrahlung wird von den anderen wahrgenommen. Das könnte deine unbewusste und damit unwissentlich ausgesendete Einladung an deine Mitmenschen sein, dich auch zu übersehen. Wenn du also achtsam und liebevoll zu dir sein kannst, bei allem, was dein Leben ausmacht, wirst du Menschen anziehen, die auch achtsam und liebevoll mit dir umgehen wollen.

Durch das Anerkennen dessen, was ist, kannst du deine Glaubensmuster aufdecken. Dies sind deine Überzeugungen darüber, wie das Leben funktioniert. Du kannst sie erkennen, identifizieren und – loslassen. Oder am besten noch ersetzen gegen ein Glaubenssystem, welches dich bestärkt, befördert und dich bestmöglich unterstützt. Umprogrammieren können wir nicht nur Computer sondern auch uns selbst. „So nicht länger, sondern so: Ich bin es wert, geliebt zu werden!“

So kannst du nach und nach wahrlich die Macht über dein Leben erlangen. Du verinnerlichst nun bewusst und selbstbestimmt die Überzeugungen und Glaubenssysteme, die dich wirklich das Leben führen lassen, dass du dir wünschst.

Übung 7: Gegensätzliche Gefühle

Probiere es aus! Fasse das, was du fühlst, in Worte. Zum Beispiel:

„Ja, ich fühle mich zerrissen!“

Fühle es.

Atme.

Atme tief.

Dann erforsche in dir, was diesem Emotionszustand als ersehnter Geisteszustand gegenübersteht. Sprich auch das laut aus: „Ich bin eins.“

Wenn wir unsere emotionalen Zustände als Motivatoren begreifen, ist es viel leichter, sie anzunehmen. So gelangen wir nämlich

- Von dem Gefühl, keine Wahl zu haben zu dem Bewusstsein, eine Wahl zu haben
- Von der Trennung zum Einssein
- Von der Verlustangst zur Sicherheit
- Von der Feindseligkeit zur Begeisterung
- Vom Groll zum Interesse
- Vom Widerstand zur Annahme

Als Folge dessen haben wir nun „Motivatoren“, die konstruktiv und lebensbejahend sind.

Übung 8: Trost

Solltest du das Gefühl haben, Trost zu brauchen, kann es sein, dass es gar nicht dein aktuelles Ich ist, das getröstet werden will. Oft ist es das innere Kind, das sich meldet.

Frage dich deshalb, welcher Teil in dir Trost braucht. Ist es das innere Baby, das innere Mädchen, der innere Junge? Was auch immer es ist, frage es, was es sich wünscht. Zum Beispiel:

- In den Arm genommen
- An der Hand gehalten oder
- Umarmt zu werden.

Eine tröstende und unterstützende Geste kann auch hier das aus der Kinesiologie bekannte Stirn- und Hinterkopf – Halten sein.

Übung 9: Affirmationen

Im neunten Kapitel des *Master Key Systems* von Charles F. Haanel wird die Geschichte von dem jungen Frederick Andrews erzählt, den die Ärzte wegen seiner Verkrüppelung aufgegeben hatten.

Dieser Junge jedoch will trotz aller negativen ärztlichen Prognosen leben, gesund und ganz sein. Er formuliert für sich folgenden Satz: „Ich bin ganz, perfekt, stark, mächtig, liebevoll, harmonisch und glücklich." Und betet, spricht, meditiert und fleht diesen Satz täglich tausendfach, immer und immer wieder.

Der Junge wuchs zu einem Mann heran, gesund, kraftvoll, lebensbejahend und erfolgreich. Diese Affirmation habe ich seit Jahren als Teil meiner Kindermentaltrainingsgruppen einbezogen. Wir haben die Worte gesungen, gesprochen, eingeübt und mit den Kindern heraus gefunden, wie es sich anfühlt, so zu sein.

Der Satz hat bestimmt schon sehr viele Menschen erreicht und beflügelt und nimmt so dann eine lebendige, dynamische, farbenfrohe Gestalt an, die wir einladen können, uns und unser Leben zu bereichern.

Probiere mal diesen Satz laut auszusprechen, wiederhole ihn einige Male, was spürst du? Kannst du erlauben dieser Wahrheit in dir Raum greifen zu lassen und in dir anzukommen? Wir fühlst du dich, wenn du

Ganz

Vollkommen

Stark

Mächtig

Liebevoll

Harmonisch und

Glücklich

bist?

Übung 10: Stärke dein Kind

Sag deinem Kind: „Du bist ganz, perfekt, stark, mächtig, liebevoll, harmonisch und glücklich!“

Sag es, sing es, verbinde die Worte mit Gesten und tanze diesen Satz zusammen mit deinem Kind, deinen Kindern, deiner Familie.

Übung 11: Ja! klopfen

Wenn deine Liebe zu deinem Körper wächst und gedeiht, du ihn als dein Zuhause, Sitz deiner Seele annehmen kannst, wird es dir leichtfallen, deinen Körper mit vielen Ja!s zu versehen. Wandere mit deinen flachen Händen über deinen Körper und klopfe sinnbildlich das Ja! ein.

Sage Ja! zu deinem Körper.

Klopfe und streiche das Ja! das Annehmen in deinen ganzen Körper, sprich oder singe das Ja! laut aus. Beginne mit dem Klopfen an den Achselhöhen, klopfe die Innenseite deiner Arme hinunter bis zu den Händen, wechsele dann zur Außenseite deiner Hände und Arme und klopfe hinauf bis zu den Schultern. Dann wechsele die Seiten und wenn du bei den Schultern angekommen bist, klopfe sanft dein Gesicht, deinen Kopf, deinen Nacken, über Brust und Bauch, Hüften und Rücken, dein Gesäß, die Rückseite der Beine entlang bis zu den Füßen und die Vorderseite wieder herauf.

Da, wo du „Ja“ sagst und „Nein“ empfindest, sei besonders liebevoll zu deinem Körper. Diese Stelle oder dieses Körperteil braucht wohl mehr Zuwendung und Aufmerksamkeit. Kannst du diesen Teil sinnbildlich auf den Arm nehmen, trösten und wieder aufnehmen als ebenbürtigen Teil des Körpers. Vielleicht wirkt es besänftigend, ihn um Verzeihung zu bitten?

Solltest du bemerken, dass dir diese Übung gut tun, dann baue sie vorerst täglich in deine Selbstzuwendungsübungen ein.

Übung 12: Leite deine Energie

Wenn du bestimmte Körperstellen besonders wahrnimmst – das muss nicht zwangsläufig durch Schmerzen sein -, dann lege deine Hand oder beide Hände darauf, und nimm Kontakt mit dieser Stelle auf. Höre hin und spüre, was sich an dieser Stelle durch deine Aufmerksamkeit verändert. Nimm dir Zeit dafür, begib dich gedanklich an einen Ort, der dir behagt und sei mit deiner Aufmerksamkeit ganz bei dir und deinem Körper. Frag dich: „Was unterstützt mich hier?“

Lasse deine Hände in einer liebevollen Haltung dir selbst gegenüber auf dieser Stelle ruhen, und spüre dort hinein. Es kann sein, dass du nach einer Weile ein leichtes Pulsieren spürst – das ist die Energie, die du an dieser Stelle in Bewegung bringst. Das Pulsieren deutet darauf hin, dass du den Energiefluss hier wieder angeregt und mobilisiert hast – in den Urzustand zurückgebracht hast.

Übung 13: Ja singen

Erlaube dir eine eigene Melodie zu finden, die das Ja! für dich singbar macht. Erschaffe eine Melodie, die dein Ja! trägt. Lass deiner Stimme Raum, um dieses kraftvolle Wort in dein Leben zu rufen und aus dir heraus in die Welt zu tragen. Bejahe deine Stimme und nimm sie als Ausdruck deiner gesprochenen Worte und deines Selbst an.

Übung 14: Visualisiere mit allen Sinnen

Mache dir ein Bild von dem, was du wirklich willst, füge so viele Details wie möglich hinzu: Welche Kleidung trägst du, welche die anderen Beteiligten? Wo bist du? In welchem Raum? Wie alt bist du?

Wenn du hier weitergehen magst, dann erforsche deine Gefühle in der damaligen Situation. Setze so viele Sinne wie möglich ein, um die Einzelheiten des Erlebnisses spürbar zu machen. Was siehst du? Was fühlst du auf der Haut? Was riechst du? Was fühlst du im Herzen? Was schmeckst du? Was hörst du?

Übung 15: Ärger abbauen

Immer, wenn wir uns geärgert oder irgendwie gestresst fühlen, können wir Ärger abbauen um aus diesem eingeschränkten Gefühl herauszukommen, mit aller Aufmerksamkeit ausschließlich durch unser linkes Auge schauen.

Übung 16: Stell dich deiner Angst!

Lass dich einladen, deine Sorgen oder Ängste vor dem Tod anzunehmen. Schiebe sie nicht fort!

Lade sie ein zu dir zu kommen. Mache einen Spaziergang mit ihnen und frage sie, was sie von dir wollen. Beginne ein Gespräch mit ihnen und schildere ihnen deine Bedenken. Und lausche hin, was von ihnen kommt – womöglich verwandeln sie sich?!

Verwendete Literatur

Haanel, Charles, F.: *Das Master Key System*. Unterwössen 2007

Haddon, Mark: *Der wunde Punkt*. Köln 2007 (Hörbuch)

Stokes, Gordon/Whiteside, Daniel: *Tools of the trade*. Kirchzarten 2001 (Workshop Skript)

Tolle, Eckhardt: *Jetzt! Die Kraft der Gegenwart*. Bielefeld 2003 (Hörbuch)

Literaturempfehlungen

Grün, Anselm/Burggrabe, Helge: *Zeiten der Stille*. München 2006

Hartmann, Silvia: *EmoTrance. Wie Sie belastende Emotionen in befreiende Energie umwandeln*. Kirchzarten 2004

Hayward, Jeremy W.: *Briefe an Vanessa, Über die Liebe, Physik und die Wiederverzauberung der Welt*. Frankfurt 1998

Roads, Michael: *Der Junge ohne Schatten*. München 2004

Ruiz, Miguel: *Die vier Versprechen, Ein Weg zur Freiheit und Würde des Menschen*. Berlin 2006

Printed by Amazon Italia Logistica S.r.l.
Torrazza Piemonte (TO), Italy

37813538R00131